복 있는 사람

오직 여호와의 율법을 즐거워하여 그 율법을 주야로 묵상하는 자로다.
저는 시냇가에 심은 나무가 시절을 좇아 과실을 맺으며 그 잎사귀가 마르지 아니함 같으니
그 행사가 다 형통하리로다. (시편 1:2-3)

모든 것이 은혜다

Brennan Manning

All is Grace

모든 것이 은혜다

브레넌 매닝 지음 | 양혜원 옮김

모든 것이 은혜다

2012년 8월 28일 초판 1쇄 발행
2020년 12월 17일 초판 4쇄 발행
지은이 브레넌 매닝
옮긴이 양혜원
펴낸이 박종현
도서출판 복 있는 사람
서울특별시 마포구 연남동 246-21
Tel 723-7183 | Fax 723-7184
blesspjh@hanmail.net
영업 마케팅 723-7734
등록 1998년 1월 19일 제1-2280호
ISBN 978-89-6360-093-2

All is Grace
by Brennan Manning

Copyright ⓒ 2011 by Brennan Manning
Originally Published in English under the title
All is Grace
Published by David C Cook
4050 Lee Vance View, Colorado Springs, CO 80918 U.S.A.
All right reserved.

Translated and used by the permission of Brennan Manning
Published in association with the literary agencies of rMaeng2, of Seoul, Republic of Korea,
and Alive Communications, Inc., of Colorado Springs, CO, U.S.A.
This Korean edition Copyright ⓒ 2012 by The Blessed People Publishing Co., Seoul, Korea.

이 책의 한국어판 저작권은 알맹2 Agency를 통해 Brennan Manning과 독점 계약한 도서출판 복 있는 사람이 소유합니다. 저작권법에 의하여 한국 내에서 보호를 받는 저작물이므로 무단 전재와 복제를 금합니다.

로즐린에게

차례

서문_ 필립 얀시	9
독자의 증언들	17
들어가기 전에	26
저자 서문	29

제1부 **리처드**　　　35

제2부 **브레넌**　　　107

제3부 **나**　　　211

덧붙이는 말	233
편지들	239
감사의 말	259
주	263

서문

내가 처음 브레넌 매닝을 만난 것은 영국에서 열리는 그린벨트 페스티벌(Greenbelt Festival)이라는 행사에서다. 일종의 기독교 우드스탁(Woodstock) 행사 같은 건데, 예술가, 음악가, 강사들을 보러 2만여 명의 팬들이 경마 경기장의 질척한 내야 쪽에 마련된 텐트와 임시 거처로 모여들었다. 브레넌은 이 광경에 황홀해 하는 것 같았고, 자신과 같은 문화에 대한 경험이 없는 가톨릭교 태생의 아내 로즐린에게 마치 스포츠 해설자처럼 복음주의의 면면들에 대해서 설명하려고 애를 썼다.

지난 세월 동안 우리는 자주 만나지는 못했지만, 서로 마주치게 되면 그냥 같은 수준의 우정에 맴돌지 않고 관계가 더 깊어졌다. 그가 영적 리트릿을 위해 콜로라도에 있는 수도원을 방문할 때면 침묵의 규칙을 일시적으로 깨고 아이스크림 가게에서 나와 내 아내를 만나기도 했다(아이스크림은 그가 여기에서 밝히지 않은 또 다른 중독이다). 남부의 근본주의자인 나와 동북부의 가톨릭 신자인 브레넌의 배경은 달라도 너무 달랐지만, 서로 다른 경로를 통해서 우리는 우연히 은혜의 자분정과 마주쳤고 그때부터 그 물을 벌컥벌컥 들이키며 살아왔다. 어느 아름다운 가을 오후에 우리는 산에서 흐르는 시내를 따라 황금빛 카펫처럼 깔린 사시나무 낙엽을 밟으며 하이킹을 했고 그때 나는 브레넌의 사랑받지 못한 유년시절, 하나님을 찾은 오랜 세월, 결혼과 이혼, 거짓말과 은폐, 알코올 중독과의 끊임없는 싸움 등 그의 인생에 대해서 자세히 들었다.

그의 회고록을 읽다 보면 나처럼, '아, 브레넌이 술을 마시지 않았더라면 어땠을까……'라는 생각의 유혹을 받을 수 있다. 나는 그 생각을 '아, 브레넌이 은혜를 발견하지 않았더라면 어떻게 되었을까……'로 바꾸기를 촉구한다. 그가 특유의 아일랜드인의 기지로 우리 모두가 듣기 원하는 이야기, 곧 모든 것을 창조하신 분께서 우리를 사랑하시고 용서하신다는 이야기를, 신선하게 그리고 개인적으로 와 닿게 들려주어 수많은 청중을 매료시키는 모습을 나는 여러 번 지켜보았다. 브레넌은 그 사랑을 그리고 특히 그 용서를 잘 안다. 바로 그날 밤에 그는 호텔방으로 돌아가 무감각해질 때까지 술을 마셨을 수 있다. 그리고 여기에서 그는 자신이 십계명의 모든 항목을 여러 번 어겼다고 시인한다(브레넌, 살인도요?). 그러나 매번 그는 용서를 구했고, 하나님과 친구들에게 회개했고, 다시 일어나서 계속 걸어갔다. 「천로역정」(*The Pilgrim's Progress*)에 나오는 그 누구일 수도 있는 크리스천처럼, 그는 언제나 바른 결정을 함으로써 앞으로 나아간 것이 아니라 잘못된 결정에 적절하게 반응함으로써 앞으로 나아갔다. (존 번연〔John Bunyan〕도 자신의 영적 자서전에 「죄인 괴수에게 넘치는 은혜」〔*Grace Abounding to the Chief of Sinners*〕라는 제목을 붙이지 않았던가.)

브레넌은 자신을 삼손과 비교하기도 한다. 초인이었지만 결함 많았던 그를 하나님은 죽는 그날까지도 사용하실 방법을 찾으셨다. 구약성경에서 그러한 이야기들을 읽으면서 나는 불완전한 남자와 여자들을 사용하시는 하나님을 설명하는 간단한 원칙을 하나 알아냈다. 하나님은 구할 수 있는 대로 사람의 재능을 사용하신다. 반복해서 브레넌은 자신을 그렇게 사용될 수 있는 자리에 놓았다. 지난 몇 년 동안, 거의 앞도 보지 못하고 질병에 걸리고 넘어지는 사고를 당하면서도, 플로리다의 해변에서 은퇴

생활을 즐겨야 하는 그 나이에도, 그는 계속해서 비행기를 타고 여기저기로 날아가서 그가 전심으로 믿으나 늘 살아 내지는 못한 복음을 선포했다.

덴버에 사는 어느 부자가 브레넌이 지역 교회에서 전하는 강렬한 메시지를 듣고는 자신이 엄선한 여덟 명의 친구들을 위해 일주일간의 리트릿을 인도해 달라고 그를 초대했다. 나도 거기에 포함되어 있었다. 브레넌이 그 리트릿에서는 침묵할 것이라고 선언하자 그 후원자는 기분이 좋지 않았다. "그의 전문 지식을 배우겠다고 여기까지 데리고 왔는데, 우리보고 입을 다물고 있으라니!" 그러나 우리는 각자 브레넌과 한 시간씩 개인 시간을 가질 수 있었는데, 그가 나누어 준 성경 본문과 글들을 묵상한 후에 그로부터 영적 지도를 받는 압축된 시간이었다. 결국 브레넌은 하루 종일 열심히 일했고 우리는 대부분의 시간을 잔디나 자기 방에 앉아서 묵상을 했던 것이다.

우리가 묵고 있던 야영지의 시설이 좋지 않아서 우리는 저녁마다 근처에 있는 식당으로 갔는데, 제법 고급스러운 식당이었다. 첫날 밤에 브레넌은 리치 멀린스(Rich Mullins)와 존 마이클 탈봇(John Michael Talbot)의 카세트테이프와 대형 휴대용 카세트 라디오를 가지고 식당으로 가서 저녁식사 시간에도 묵상 음악을 들으며 계속해서 침묵의 시간을 갖자고 했다. 자리를 잡고 앉으니 곧 웨이트리스가 다가와서 쾌활하게 인사를 했다. "안녕하세요?" 그러나 다들 고개를 살짝 끄덕이거나 어색하게 미소를 짓는 것 외에는 아무런 반응을 하지 않았다. 그런데 식당에서 식사를 하던 어떤 사람이 우리 그룹에 있는 한 사람을 알아보고 이야기를 하러 다가왔다. 그리고 우리 주변 식탁에 앉은 다른 손님들은 그 식당에서 틀어 놓은 배경 음악과 노골적으로 충돌하는 음악을 내뿜는 카세트 라디오를 못마땅하게 쳐다보았다. 결국 브레넌은 웃으면서 양손을 한번 치켜들더니 새 규칙을 만들었다. 저녁식사 시간에는 침묵을 중지한다.

브레넌에 대해서 생각하면 그 우스운 장면이 떠오른다. 정말이지 내가 아는 그 누구보다도 그는 순전하고 거룩한 삶을 추구했고, 그래서 스페인에서 몇 달간 동굴에서 살면서 가난한 사람들과 함께 일했고, 순결과 가난과 순종의 서약을 했다. 그러나 그의 이상은 허둥대기도 했다. 다른 소음들, 와인 잔이 부딪히는 소리, 바에서 들려오는 웃음소리, 여인의 목소리, 다른 사람들의 방해……, 간략하게 말해서 인생의 엉망진창들이 계속해서 그의 거룩한 탐색을 간섭했다. 그리고 내면의 악마가, 경험하지 않은 사람은 결코 이해할 수 없는 그것이 들고일어나 장악하기도 했다.

"모든 것이 은혜다"라고 브레넌은 자신의 풍성하지만 얼룩진 인생을 돌아보며 결론을 내린다. 그는 이 우주의 기초 진리를 신뢰했고, 신실하게 그리고 웅변적으로 그것을 선포했다.

작가로서 나는 책을 편집하는 것이 인생을 편집하는 것보다 훨씬 더 쉽다는 것을 날마다 인식한다. 내가 믿는 것에 대해서 그리고 내가 어떻게 살아야 하는지에 대해서 글로 쓸 때는 깔끔하고 질서 있게 들린다. 그러나 실제로 그렇게 살려고 하면 뜻대로 되지 않고 혼란스럽기만 하다. 그런데 브레넌의 회고록에서는 그것과는 반대의 패턴이 보인다. 그는 자신의 결함에 초점을 맞춤으로써 많은 성취들을 제외시킨다. 나는 계속해서 그가 자신을 좋게 보이게 만드는 이야기를 들려주었으면 좋겠다. 실제로 그런 이야기들이 많다. 그러나 자신의 명성에 흠집을 낼 수도 있는 이야기를 다 드러내기로 선택함으로써 브레넌은 자신을 사도 바울처럼 흙으로 구워 만든, 폐기 가능한 토기로 제시한다. 그 안에 있는 보물을 제대로 다 보려면 그의 다른 책들을 보아야 할 것이다.

레너드 코헨(Leonard Cohen)이 이것을 시로 아주 잘 표현했다.

아직 울릴 수 있는 종을 울려라.
자신의 완벽한 헌물은 잊어라.
모든 것에는 흠이 있다.
그래서 빛이 들어오는 것이다.

필립 얀시

독자의 증언들

왜 하나님이 당신의 인생이 잘 풀리게 하시지 않는지, 혹은 왜 당신이 자신의 인생을 잘 풀어 갈 수 없는지 궁금해 한 적이 있는가? 우리가 회고록을 읽는 이유는 누군가가 자기 인생에서 찾은 답을 통해서 우리의 인생을 이해하기를 바라는 마음에서라고 생각한다. 이제 당신이 읽을 글은 정말로 답을 준다. 그러나 아마도 당신의 첫 반응은 나와 비슷할 것이다. 처음에 나는 혼란스러웠다. 어떻게 브레넌이 은혜의 강력한 메시지를 전하면서 만성적 알코올 중독이라는 무력한 삶을 살 수 있는지 의아했다. 이 이야기는 처음에는 나를 화나게 했다. 자신은 결코 마땅히 되어야 하는 자기 모습이 아닌 구토의 악취를 풍기며 술에 취한 채 살면서, "하나님은 우리를 조건 없이 사랑하십니다. 마땅히 되어야 하는 우리가 아니라, 있는 그대로의 우리를 사랑하십니다"라고 지칠 줄 모르고 매력적으로 설교한 그에게 화가 났다. 폭력,

배신, 상심, 중독 그리고 굴욕적인 질병으로 점철된 인생 이야기를 읽으면서 이 책에서 하는 약속, 즉 "모든 것이 은혜다"라는 약속이, 처음에는 조롱으로 다가왔다. 이 책에 나오는 내용들은 나를 무방비 상태로 만들어 놓았다. 그런데 전혀 뜻밖의 일이, 생각지도 못했던 일이 일어났다.

내가 예배하기 시작한 것이다.

두 발자국 앞으로 갔다가도 세 발자국 뒤로 물러나는 브레넌의 끔찍한 여정이 그로 하여금 탕자의 이야기에 아주 깊이 들어가게 해서 자신을 집으로 환영하는 아버지의 기이한 은혜를 거듭 반복해서 알게 만들었음을 깨닫자 혼란이 감사로 바뀌었다. 나도 중독 문제로 씨름을 했고, 따라서 브레넌의 이야기는 나 자신의 이야기를 이해하는 데에도 도움이 되었다. 그러나 중독에 빠지지 않았다 하더라도 사람마다 반복해서 씨름하는 문제가 있을 것이다. 대부분의 증언에서 좋은 소식은 우리의 성취와 극복에 가려져 이야기의 일부만 차지할 뿐이다. 그러나 브레넌의 이야기에서, 그리고 내 이야기에서는, 좋은 소식이 이야기의 전체를 차지한다. 그래서 복되게도 우리에게는 증명하거나 지켜야 할 것이 아무것도 없다.

브레넌의 이야기가 나 자신의 이야기에 깊이 자리 잡게 하자 분노가 신뢰로 바뀌었다. 심지어 수종뇌(水腫腦)라고 하는 굴욕적인 질병을 안고 사는 그의 말년도 나로 하여금 나의 모든 이야기를 들려주게 만든다. 왜냐하면 하나님 은혜의 확실성을, 즉 내가 얼마나 나쁜지가 아니라 그분이 얼마나 선하신지를 보여 주기 때문이다. 우리가 은혜를 신뢰한다면, 서로에게 자신의 모습을 감출 필요가 없다. 브레넌의 이야기는 나 자신의 인생에 대해서 이렇게 군더더기 없는 진실을 말하려면 어떤 용기가 필요할까 생각하게 만든다. 브레넌은 알코올 중독의 지저분한 내용을 우리에게 알려 줄 필요가 없었고, 눈도 멀고 몸도 마음도 쇠약하여 이제는 제대로 말을 하거나 자신을 돌보지도 못하는 말년의 그림을 우리에게 남겨 줄 필요도 전혀 없었다. 베스트셀러의 명예에 기대어 자신의 사역을 통해 영향을 받은 누군가의 이야기를 마지막으로 하나 들려주며 마무리를 지었을 수도 있다. 그러면 우리는 그를 약간 숭배하면서 예수님을 위해서 무언가 위대한 일을 해보겠다는 염원을 가질 수도 있었다.

그러나 브레넌은 모든 것을 벗기고 우리에게 예수님만을 남기는 이야기를 들려주었다. 나도 그분 앞에 서서 수치나 분노를 느낀 적이 있지만, 이 깨어진 인생의 이야기 끝에서 그분을 발견하니 정말로 내가 무너질 수밖에 없었다. 그리고 꿈과 상심과 술과 성공과 결혼과 자녀와 이혼과 교회와 사역과 배신과 용서와 사랑과 상실로 점철된 나 자신의 이야기의 폐허에서 나는 그것이 진실임을 알고 경배했다. **그것은 진실이다.** 모든 것이 은혜다.

샤론 A. 허쉬

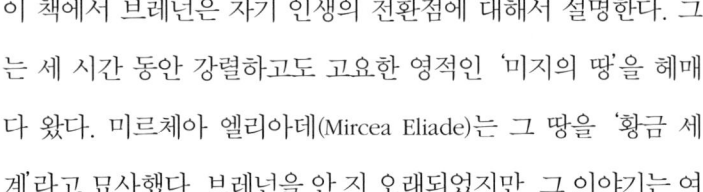

이 책에서 브레넌은 자기 인생의 전환점에 대해서 설명한다. 그는 세 시간 동안 강렬하고도 고요한 영적인 '미지의 땅'을 헤매다 왔다. 미르체아 엘리아데(Mircea Eliade)는 그 땅을 '황금 세계'라고 묘사했다. 브레넌을 안 지 오래되었지만, 그 이야기는 여기에서 처음 들었다.

나 자신의 '황금 세계' 경험은 브레넌의 강연을 10분 정도 들었을 때 시작되었다. 나는 늦게 도착했고, 그가 누구인지 몰랐으며, 그가 들려준 이야기 가운데 하나에 충격을 받아 강연이 끝나기 20분 전에 몰래 뒤로 빠져나갔다. 오랜 세월이 지난 지금도 나는 그 말이 귀에 들리는 듯하다. "아버지는 나를 아주, 아주 좋아하십니다." 그 경험은 세 시간 후에 끝났고, 나는 여전히 말을 하지 못했다. 브레넌이 내 어깨에 손을 얹고 내 이름을 부르고 있었다. 우리는 전에 만난 적이 없고 내 명찰은 주머니에 있었는데도 말이다. 브레넌처럼 나도 그날 내가 마음속으로 들은 것을 아무에게도 말하지 않았지만, 그 말은 내 인생을 완전히 바꾸어 놓았다.

이 책을 읽으면서 실은 우리가 많은 것을 공유하고 있다는 것을 처음 알게 되었다.

알고 보니 우리는 둘 다 뉴욕 양키스와 뉴올리언스의 식당들을 좋아한다. 우리는 둘 다 시인 제임스 카바노(James Kavanaugh)를 그의 전성기에 발견했고 카를로 카레토(Carlo Carretto)가 세상에서 가장 유명한 무명의 수사가 되기 전에 그와 우연히 마주쳤다. 우리는 둘 다 우리가 흠모하는 할머니와 결혼할 정도로 똑똑하셨다는 이유 하나만으로 할아버지를 존경한다. 우리는 둘 다 몽상가일 뿐이라는 말을 들었고, 언어에 대한 사랑을 오직 몽상가만이 살 수 있는 삶으로 끌어올 방안을 모색하고 씨름했다.

독자의 증언들

그리고 인생의 상당 부분을 같은 종류의 악마들과 분투하면서 살았다.

이제 곧 당신이 읽게 될 내용이 당신에게도 브레넌과 새롭게 연결될 수 있는 길을 열어 줄 것이라고 생각한다.

내가 오늘 살아 있는 이유 중 하나는 오래전 어느 날 오후에 브레넌의 메시지를 들었기 때문이다. 어떠한 수준에서든 내가 오늘날 온전히 살아 있다고 할 수 있다면, 그것은 내가 그로부터 배운 것 덕택이다.

나는 브레넌으로부터 복음의 진리를 배웠다. 당신도 그 복음을 이 책에서 발견할 것이다. 결국에는, 내 죄가 결코 하나님의 사랑을 능가하지 못하리라는 것이 그 복음이다. 탕자는 결코 아버지를 넘어설 수 없다. 내가 하는 선한 일로 평가받는 것이 아니라 내가 받아들이는 은혜로 평가받는다. 잃음은 찾음의 전제 조건이다. 믿음의 삶은 빛 가운데서 사는 것이 아니라 어둠 가운데서 발견되는 것이다. 이 땅에서 성인(聖人)이 못 된다고 해서 행진이 시작될 때 그 자리에 끼지 못하는 것은 아니다.

그 행진이 시작될 때, 나도 그 뉴올리언스의 집단 가운데 한 자리를 차지할 수 있기를 바란다. 그들 중에는 놀랍도록 온전히 회복된 로마 가톨릭 신부와 이리들 틈에서 살기에는 너무도 온유했던 나머지 사람들, 하나님의 사람을 통해서 그 말씀이 우리에게 전달되어야 했던 바로 그 시점에 브레넌과 우연히 마주치는 행운을 누렸기 때문에 시온으로 행진해 가게 된 사람들이 포함되어 있을 것이다.

브레넌으로 인해, 그가 살아 낸 진실로 인해, 그리고 그가 우리에게 준 이 책으로 인해 하나님께 감사를 드린다.

2011년, 성 막달라 마리아 축일에

로버트 벤슨

위대한 여행에 나서려면

필요에 매이지 않아야 한다.

패트릭 카바나(Patrick Kavanagh), '스스로 노예된 자'(The Self-Slaved)

들어가기 전에

「모든 것이 은혜다」는 특정한 생각의 틀을 가지고 썼다. 바로 부랑아를 염두에 두고 썼다.

따라서,

이 책은 이쯤 되면 더 멀리 가 있지 않을까 생각했지만
그렇지 못한 사람이 쓴 책이다.
가석방위원회에 잘할 것이라고 약속했지만
그렇게 하지 못한 수감자가 쓴 책이다.
다른 사람들에게는 길을 보여 주었지만
자기 자신은 계속 길을 잃은 눈이 침침한 사람이 쓴 책이다.
약간의 포도주가 몸에 좋다면
많이 마시면 진짜 좋겠지라고 생각했던
수종뇌를 앓고 있는 사람이 쓴 책이다.
사제, 강사 그리고 저자로 알려진
거짓말쟁이, 부랑아, 도둑이 쓴 책이다.
크래커에 얹은 치즈가 하도 자주 떨어져서
"젠장 맞은 치즈와 크래커"라고 말했던 제자가 쓴 책이다.
이런 식으로 인도받고 싶지 않았지만
이제는 어쩔 수 없는
마음은 젊지만 뼈는 늙은 사람이 쓴 책이다.

그러나,

이 책은 또한 이리들 틈에서 산
마음이 여린 사람들을 위한 책이다.
사랑과 결혼과 이혼의 들판에서 즐겁게 뛰놀기 위해서
사제의 옷을 집어던진 사람들을 위한 책이다.
애도하는 사람, 거의 평생을 애도하면서도
위로받을 것이라는 말씀을 붙잡은 사람들을 위한 책이다.
전사들을 섭대할 꿈을 꾸었으나
대신에 값진 소수의 친구를 얻은 사람들을 위한 책이다.
몇 차례 반복하고 반복해서
정신을 차린
젊거나 늙은 탕자들을 위한 책이다.
자비 그 자체에 의해 삼켜졌기 때문에
경건한 척하는 허튼소리에서 벗어나려고 애쓰는 사람들을 위한 책이다.
이 책은 충분히 돌아다녀 보았기에 감히
모든 것이 은혜라는
부랑아의 풍문을 속삭일 수 있는
나를 비롯한 모든 사람을 위한 책이다.

저자 서문

내 소식을 한동안 듣지 못했을 겁니다. 내가 살아 있기나 한 것인지 궁금해 한 사람들도 있었지요. 살아 있습니다. 지난 몇 년간은 정말 힘들었습니다. 내 계획대로 되지 않았다는 의미에서 힘들었습니다. 사실 내 계획대로 된 것은 하나도 없습니다. 나는 뿌리가 뽑혀 익숙하면서도 낯선 땅에 이식되었습니다. 이 말은 문자적이기도 하고 비유적이기도 합니다. 살아 있습니다. 그러나 힘들었습니다. 회고록을 쓰겠다고 계약서에 서명을 한 지가 이제 거의 5년입니다. 계약하자마자 바로 그 자리에서 글을 쓰기 시작했다면, 이 책은 아마 다른 책이 되었을 겁니다. 그러나 나는 그렇게 하지 않았습니다.

이 책을 미룬 이유는 많은데, 그중 하나는 내 인생에 대한 책을 사람들이 왜 읽고 싶어 할까 하는 문제를 가지고 씨름한 것입니다. 내 친구이자 공저자인 존에게 최근에 그 질문을 했더니 그는 이렇게 대답하더군요. "브레넌, 은혜의 부스러기가 떨어질 것을 믿는 거지요." 나는 웃었습니다. 왜냐하면 그 말은 내가 좋아하는 책 「어느 시골 사제의 일기」(*The Diary of a Country Priest*)에 나오는 말이기 때문입니다. 이 땅을 걸어 다닌 지 70년이 족히 넘었고 그중에서 40년을 떠돌이 전도자로 보낸 나는 정말로 그것이 나의 주장이라고 말할 수 있습니다. 그러나 내가 그 믿음을 붙잡는다기보다는 그 믿음이 나를 붙잡는다고 하겠습니다.

성 바울은 빌립보 교인들에게 "뒤에 있는 것은 잊어버리고"라는 말을 했습니다. 그것을 여기에서 문자적으로 받아들이면 회고록은 별 쓸모가 없는 것이겠지요. 그러나 나는 그것이 바울이 의도한 바라고 생각하지 않습니다. 지금까지의 경험에 의하면 나는 너무 자주 뒤에 있는 것을 부인합니다. 그러나 부인당한 것은 치유될 수도 없다고 나는 지금도 믿습니다.

조앤 디디온(Joan Didion)이 한때 쓴 것처럼, 나는 이 회고록이 "이질적인 이미지들을 서사로 엮어 내기를" 바랍니다. 여러분을 대순회로 이끌기 위해서 내 이야기를 시간 순서대로 펼치려고 노력했습니다. 어떤 회고록은 단조롭습니다(prosaic). 이 단어의 문자적인 의미는 '직선으로'라는 뜻이지요. 그러나 내 이야기는 직선이기보다는 허점과 과오, 환호와 상심의 순환적 순례에 가깝습니다.

내 이야기는 묵주입니다. 그리고 나를 나로 만들어 준 사람과 경험들이 그 묵주의 알맹이들입니다. 나는 한 알에서 다음 알로 순서대로 옮겨 가고 싶었지만, 내 손가락은 약하고 내 눈은 피곤합니다. 그러니 때로는 시간의 간극과 단절이 있고 종종 내용이 미흡해도 용서해 주길 바랍니다. 하지만 이 책은 모든 것을 털어놓는 책이 아닙니다. 때로는 일부러 더 이상 설명을 하지 않았고, 또 때로는 더 이상 기억이 나지 않기도 했습니다. 어쩔 수 없는 노릇입니다. 그러나 하나님과 존의 도움으로, 이 이야기는 내가 기억할 수 있는 한 진실입니다.

나는 그분의 부드러운 분노가 연거푸 파도처럼 내리치는 순도 100퍼센트의 은혜를 경험한 것에 대해서 썼습니다. 그러나 그만큼 많이, 어쩌면 그보다 더 많이 경험한 것은 매개자를 통해 전달된 아바의 사랑이었습니다. 후줄근하고 낡고 탈진한 내 인생에 그림자를 드리운 구름 같은 증인들을 통해서 경험한 은혜였습니다. 이 책을 통해서 그 사람들의 인생에 경의를 표하려 했습니다. 그러나 어떤 식으로든 다 잘된 것이고, 은혜는 은혜입니다.

이 책은 **부랑아**의 회고록입니다. 처음부터 그 이유를 알고 들어가는 것이 좋을 것입니다. 이 단어가 원래의 기개를 다소 잃은 것 같아 안타깝습니다. 부랑아들에게는 단 하나의 기도밖에 없습니다. "하나님, 죄인인 저를 불쌍히 여겨 주십시오." 그 외침을 구미에 더 맞게 만들려고 이것저것 장식하는 것은 전부 바리새인의 누룩입니다. 경고합니다. 내 인생은 결코 직진으로 달려간 인생이 아닙니다. 가시와 까마귀와 보드카로 가득한 비뚤어진 길이었습니다. 방황을 잘했냐고요? 물론입니다. 나는 사제였다가 사제가 아니었고, 남편이었다가 남편이 아니었습니다. 하루는 수많은 군중을 감탄시켰다가 다음날에는 친구들에게 거짓말을 했습니다. 수년 동안 술을 마셨고, 잠시 끊었다가, 또 마셨습니다. 나는 사랑받는 요한이었고, 비겁한 베드로였고, 의심하는 도마였다가 결국에는 술집에서 고주망태가 되었습니다. 화요일에는 십계명의 모든 계명을 여섯 번씩 어기기도 했습니다. 혹 이 말이 극적인 효과를 위한 것이라고 생각한다면, 그렇지 않습니다.

뷰크너(Buechner)가 이것을 정말 잘 표현했습니다.

하나님이 우리에게 기억을 주신 가장 큰 목적은, 과거를 돌아보고 그때 제대로 못한 역할이 있다면 지금 다시 시도해 볼 수 있게 하기 위해서라고 나는 생각한다…….

그것을 다른 말로 표현하면, 기억은 우리로 하여금 과거를 축복하고 과거로부터 축복받을 수 있게 한다는 것 아닐까. 심지어 저주스럽다고 느껴지는 과거까지도 말이다.…… 이것이 바로 죄의 용서가 의미하는 것 아니겠는가.[1]

'귀향'(Home-Coming)이라고 하는 에세이에서 E. B. 화이트(White)는 버나드 드보토(Bernard DeVoto)가 「하퍼스 매거진」(*Harper's Magazine*)에 쓴 칼럼을 언급합니다. 이 칼럼니스트는 최근에 메인 주의 해안으로 갔다 온 여행에 대해서 이야기하면서, 메인 주로 들어서는 고속도로가 "인구 과잉에다가 드라이브 인, 식당, 기념품 가판대, 보기 흉한 놀이 공원, 노점 식당으로 가득했다"며 한탄조로 말했습니다. 화이트도 최근에 같은 곳을 다녀왔는데 그는 완전히 다른 여행을 했다고 했습니다. 물론 판자로 지은 그림 같은 집과 헛간의 조합 옆에는 모텔들이 빼곡하게 늘어서 있었고 '모카신'(moccasin)의 철자를 배우고도 남을 만큼 기념품 가게가 많았지만, 그 외에 다른 것도 있었습니다. 그는 자작나무와 가문비나무를 보았고, 균형 잡힌 사슴과 완벽하게 디자인된 여우를 수시로 보았습니다. 그러나 그의 지각에 핵심 역할을 한 무언가가 있었습니다. 화이트는 이렇게 결론짓습니다.

어쩌면 사람의 목적이 결점을 확대하거나 축소하면서 고속도로에 색을 입히는지도 모른다. 타르가 입혀진 그 도로를 타고 나는 집으로 가고 있었다. 같은 길을 갔던 드보토는 '전문적으로 해야 하는 일'이라고 다소 신중하게 표현한 것을 위해서 그리로 가고 있었다. 아마도 강연을 하거나 혹은 학위를 받기 위해서 어딘가로 가고 있다는 의미였을 것이다. 집으로 차를 몰고 가는 것은 강단으로 차를 몰고 가는 경험과 매우 다르다. 그래서 우리가 서로 다른 것을 본다면, 그것은 관찰력에 대단한 차이가 있어서가 아니라, 서로 다른 감정의 방향을 향해 가고 있었기 때문이다.[2]

내 인생의 도로 위를 달리면서, 나는 주로 '전문적으로 해야 하는 일'과 같은 종류의 목적을 향해 갔습니다. 적어도 내 생각으로는 그랬습니다. 그러나 이제 그 여행은 끝났습니다. 이제는 다른 감정의 방향에서 살고 있습니다. 딱히 이룬 것도 없이 고향을 향해 가고 있습니다. 은혜의 전형입니다. 그런데 은혜란 정확히 무엇일까요? 이 지면들이 그것에 대한 나의 최종발언입니다. 은혜는 모든 것입니다. 나 브레넌이 증인입니다.

Tout est Grâce(모든 것이 은혜입니다),

브레넌

제1부
리처드

1

'언제나 구한 대로 얻는 건 아니다.' 어떤 식으로든 이 말을 안 들어 본 아이가 없을 것이라고 생각한다. 배우기 힘든 교훈이기는 하지만, 성장하기 위해서는 반드시 필요한 교훈이다. 그러나 내 어머니인 에이미 매닝이 그 말씀을 했을 때는, 야구장갑이나 인형처럼 사소한 것에 대해서 한 말이 아니라는 것을 나는 알았다. 어머니는 그것보다 훨씬 더 깊은 것에 대해서 말씀하는 것이었다.

어머니는 딸을 낳게 해달라고 기도하셨다. 그러나 1934년 4월 27일에 어머니가 얻은 것은 나, 리처드 매닝이었다. 내 이름이 처음부터 브레넌이었던 것은 아니다.

대공황 시절의 브루클린이었다. 형 로버트가 불과 15개월 전에 태어났다. 첫째아이 바로 이어서 태어난 둘째를 "깜짝 선물"이라고 씩 웃으면서 말하는 엄마들을 많이 보았다. 그러나 내 어머니는 그렇지 않았다. 적어도 그때는 말이다. 어머니에게 나는 또 하나의 실망이었고, 또 하나의 응답받지 못한 기도였다.

어머니는 캐나다의 몬트리올에서 태어나셨다. 어머니가 세 살이었을 때 그 도시를 휩쓸며 수천 명의 목숨을 앗아 간 전염성 독감으로 인해 어머니는 6일 간격으로 부모님을 다 잃었다. 잠자리에 들기 전에 드리는 "내가 깨기 전에 죽거든"이라는 기도가 실제로 위력이 있던 시절이었다. 어머니를 받아 줄 사람이 아무도 없어서 어머니는 고아원에 보내졌다. 그리고 그곳에서 10년을 계셨다.

당시에 어머니에게 어떤 일이 있었는지는 하나님만이 아실 것이다. 세 살짜리 아이가 애도할 수 있게 도와주는 사람이 있었을까? 나는 궁금했다. 생일을 기억하고 챙겨 주는 사람이 있었을까? 크리스마스는 어땠을까? 선물이 있었을까? 그 건물 안에 있던 성인 여성들은 누구이며 그들이 혹 어머니에게 보살핌에 대해서 어떤 인상을 남겼다면 그것은 무엇이었을까? 성인 남성의 경우는 어떨까? 어머니는 폭력을 당했을까? 혹시 강간을? 어머니의 인생에서 멍든 그 10년 동안 이러한 일들이 혹은 더 많은 일들이 일어났을 수 있다. 그러나 내 질문에는 답이 없다. 그때 일은 그때 일로 끝났으니까. 하지만 또 어쩌면 어머니는 나의 다른 많은 질문에 답하셨던 것과 똑같은 방식으로 그 질문에 답을 하셨을지도 모른다. '언제나 구한 대로 얻는 건 아니다.'

열세 살에 어머니는 블랙 조지 맥도널드라고 알려진 남자에게 입양되었다. 왜 그 남자가 어머니를 입양했는지를 비롯해서 입양과 관련된 내용을 나는 전혀 알지 못한다. 그 사람의 이름이 소설에나 나옴 직한 이름이었다는 것밖에 모른다. 그는 금을 발굴했고 몬트리올과 토론토 사이에 있는 알렉산드리아라고 하는 마을을 짓는 일에 관여했다는 말을 들었다. 그러니 블랙 조지에게 돈이 있었다는 것은 분명한데 그의 의도는 모르겠다. 하지만 다소 친절했던 것 같다. 왜냐하면 어머니는 간호사가 되고 싶어 하셨는데 그 교육비를 그가 대 주었기 때문이다.

그의 선물은 어머니를 브루클린으로 인도했고, 거기에서 어머니는 간호사 교육을 마치고 아버지를 만나서 결혼하시고, 형을 낳았고, 딸을 낳게 해달라고 기도했고, 나를 낳았다. 내 출생에 대한 어머니의 실망이 내게는 아픔이었다는 사실을 당신은 미루어 짐작할 수 있겠지만, 그래도 여기에서 감사를 표하는 노력은 하기로 했다. 그러니 그 정신에 입각해서 말한다. "감사합니다, 블랙 조지 맥도널드 씨. 내가 무엇을 감사하는 것인지는 확실히 모르겠지만, 당신이 어머니에게 은혜를 베푼 덕분에, 원하든 원하지 않든, 내가 태어날 수 있었습니다. 그러니 감사합니다."

어머니가 받은 간호사 교육은 1920년대의 대중적인 방법에 기초한 것이었다. '육아'(parenting)라는 단어는, 믿기 힘들겠지만, 1950년대 후반이 되어서야 흔하게 사용이 되었다. 그 전에는 '자녀양육'(child rearing)이라고 했다. 그 원칙은 훈육, 통제, 엄격함 그리고 최소한의 애정이었다. J. B. 왓슨(Watson)과 같은 초기 행동주의자들이 그러한 사고와 접근방식에 영향을 미쳤다. 그 당시의 분위기를 아주 잘 보여 주는 말을 하나 인용해 보면 이렇다. "어머니의 사랑은 자녀가 미래에 행복할 수 있는 기회를 망칠 수 있는 위험한 도구다." 왓슨은 부모와 자녀 사이에 아침마다 빠르게 악수 한번 하는 것 이상은 필요하지 않다는 견해를 지지했다. 지금은 그 말이 매우 낯설게 들리겠지만, 형과 나는 그런 세상에 태어났다. 그리고 여러 면에서 어머니도 그런 세상에서 자랐다.

내 인생의 불가사의들을 이해하려 애쓰다 보면 어머니를 형성한 말과 경험도 고려할 수밖에 없다. 고아에서 주(州) 공인 간호사가 되고 또 젊은 엄마가 되기까지 어머니의 오디세이는 분명 영웅적인 생존의 이야기이지만, 영웅이 늘 좋은 부모인 것은 아니다.

∽

여기에다가 에밋 매닝이라는 남자를 더해 보자. 내 아버지다. 어머니와 아버지는 여러 면에서 대조적인 한 쌍이셨다. 어머니와 달리 아버지는 어려서 고아가 되지 않았다. 오히려 부모님이 결혼하시자 아버지의 부모님은 우리와 함께 사셨다. 어머니가 가진 아버지상은 어렴풋한 후원자 블랙 조지였지만, 아버지의 아버지상은 아주 실제적인 알코올 중독자였다. 어머니가 어렸을 때 어떤 일을 겪었는지는 전혀 알지 못했지만, 아버지가 어렸을 때 감내해야 했던 분노들은 얼핏 볼 수 있었다. 그때 나는 아이를 고아로 만드는 방법은 하나만이 아니라는 것을 알았다.

어머니는 간호사 학위가 있었지만 아버지는 겨우겨우 중학교를 마쳤다. 공인 간호사로서 어머니의 지위는 대공황 시절에도 결혼 시장에서 제법 경쟁력이 있었다. 어머니는 두 개의 직업을 유지했다. 세인트 메리 병원에서 8시간 근무를 하고 이어서 개인 간호를 했다. 아버지의 직업은—직업이 있을 때는—언제나 임시직 혹은 파트타임으로 묘사되었다.

임시직과 파트타임은 또한 내가 기억하는 아버지와의 대화의 특징이기도 했다. 우리가 주고받은 말은 주로 교정, 정확히 말해서 **나의** 교정에 대한 것이었다. 사실 **대화**라는 단어 자체가 좀 과장이다. 대화라기보다는 늘 아프게 끝나는 독백에 가까웠다. 나는 방으로 가서 바지를 내렸고 아버지는 자신의 가죽 허리띠로 나를 때렸다. 그러한 과시적 행동은 아마도 아버지에게 권력 같은 것을 느끼게 해주었을 것이다. 하지만 나는 심지어 훈육자로서 아버지의 역할도 모가장(母家長)인 어머니가 그것을 원했기 때문에 가능하다는 것을 알았다.

아버지는 날마다 나가서 일자리를 찾으러 돌아다니시느라 구두가 닳았다. 그러나 아버지가 그 이상의 것을 찾아다녔다는 생각을 나는 떨칠 수가 없다. 뭐라고 말로 표현할 수는 없지만 날마다 느꼈을 그 무언가를 말이다. 어쩌면 아버지는 자기 자신을 찾고 있었는지도 모른다. 집에 계신 아버지의 아버지는 그 일에 아무런 도움이 안 되었다. 어쩌면 존엄성을 찾고 있었는지도 모른다. 누군가는 자신을 자랑스러워 한다는 그 믿음 말이다. 그러나 어머니는 아버지에게 그러한 존경을 표하지 않았다. 아버지가 정확히 무엇을 찾았는지 나는 모르지만, 날마다 나가서 돌아다니셨다는 것은 안다.

언제나 구한 대로 얻는 건 아니지만, 내게 주어진 것이 내가 얻은 것이다. 에이미는 역경을 딛고 일어선 생존자였고, 에밋은 계속해서 무언가를 찾아다니는 사람이었다. 그 두 사람이 내 숲에서 가장 높은 나무가 되었다. 바로 어머니와 아버지다.

다른 모든 것으로 표현해도 말로는 못하는 그의 질문은 이것,
위축되어 작아진 것은 어찌 해야 한단 말인가.

로버트 프로스트(Robert Frost), '휘파람새'(The Oven Bird)

브루클린에서 가장 귀여운 아기

2

앞의 사진은 내가 세 살 때 찍은 사진이다. 잘 생기지 않았는가? 어머니는 그 사진을 '브루클린에서 가장 귀여운 아기' 대회인가에 출품했다. 당시에 나는 볼이 통통했고, 보조개가 있었고, 크고 푸른 눈에 곱슬머리 금발이었다. 이성적으로 생각해 보면 어머니가 나에 대해서 **어떤** 식으로든 자부심을 느끼기는 하셨던 것 같다. 그렇지 않고서야 그 사진을 출품했겠는가. 나는 그 대회에서 우승을 했지만, 어머니와 내 관계의 역동(dynamic)에는 별 차이가 없었다.

예를 들어, 어머니는 다음 일을 하러 가기 전에 종종 집에 들렀는데 그러면 나는 달려가서 어머니를 끌어안았지만 어머니는 그런 나를 밀쳐 내셨다. "너 정말로 성가시구나! 저기 구석에 앉아서 가만히 좀 있어!" 그러니 어떤 의미에서 사진은 거짓말을 하지 않는다. 나는 정말로 귀여웠다. 그러나 또 어떤 의미에서 사진은 거짓말을 한다. 왜냐하면 바로 그 다음 장면에서 나는 성가신 아이였기 때문이다.

그 사진은 나와 어머니 사이의 그러한 갈등을 보여 주는 표본이 되었다. 나의 고등학교 시절에 어머니는 그 사진을 꺼내서 내가 아기 때 얼마나 귀여웠는지를 내 여자 친구들이 확실히 알게 해주었다. 그러나 그 사진에 대한 어머니의 자부심이 현실에까지 연장되는 법은 없었다. 자녀들은, 심지어 열여덟 살이 된 자녀도 수치심을 느낄 수 있는데, 어머니가 그 사진을 꺼낼 때마다 나는 수치심을 느꼈다. 정말로 싫었다.

또 한 가지 무겁게 남아 있는 기억은 여섯 살의 12월, 크리스마스 며칠 전에 있었던 일이다. 아버지는 일자리를 찾으러 돌아다니다가 집에 오셨고 이제끼지 수도 없이 들은 질문을 또 들으셨다. "뭐 좀 찾았어요, 에밋?" 그러면 아버지는 지극히 표준적인 답을 했다. "아니, 에이미. 애들은 어때?" 그런데 그날 어머니는 형 롭을 가리키며 말했다. "저 녀석은 악마의 자식이에요. 정말로 사악해. 에밋, 저 애를 지금 당장 감옥으로 데리고 가요. 가서 경찰한테 얘기하고 거기에 두고 와요."

당시에 형은 사악하다고 하기에는 너무 어린 일곱 살이었다. 그래도 아버지는 형에게 팔을 끼워 주며 진한 남색 코트를 입히고는 문을 열고 밖으로 데리고 나갔다. 정말로 경찰서로 가는 거라고 생각했던 나는 무서워서 죽을 지경이었다. 나는 재빨리 창가로 가서 창 앞에 튀어나온 선반 부분에 올라앉아 서리가 낀 유리창에 코를 대고 아버지와 롭이 다시 집으로 돌아오기를 바랐다. 아마도 거기에 30분은 그러고 있었던 것 같다. 흐르는 눈물 틈으로, 그리고 내리는 눈 사이로 아버지와 형을 보려고 애를 쓰면서 말이다. 아마 15분 정도밖에 되지 않았을지도 모른다. 그러나 아이의 공포는 분이 아니라 숨으로 세는 법이다. 곧 아버지가 홀로 길을 걸어 돌아오는 모습이 보이자 나의 공포는 극에 달했다. 그 순간 나는 다음에 내가 말을 안 들으면 나도 롭처럼 영원히 감옥으로 보내질 것이라고 확신했다. 그런데 곧 아버지 뒤에 조금 떨어져서 쌓인 눈을 발로 차며 따라오는 형이 보였다. 아버지는 롭을 데리고 감옥까지 갔다가 그리고 어쩌면 겁을 주려고 실제로 감옥 안에까지 데리고 들어갔다가 한바탕 꾸짖고 나서는, "자, 이제 집에 가자"라고 하시지 않았을까.

나는 창에서 내려와 롭과 아버지 그리고 내가 아는 대부분의 소년들이 취하는 태도를 취했다. 그러니까 '남자는 울지 않기' 때문에 늠름한 모습으로 서 있었던 것이다. 그러나 그 기억은 40년이 넘게 메마른 눈을 유지했던 나를 계속해서 괴롭혔다. 나는 지금도 그날 내가 느꼈던 공포에 필적하는 눈물을 흘린 적이 있는지 모르겠다. 그날 나는 내가 앞으로 당할 수 있는 일 때문에 무서웠지만, 롭이 없는 인생은 상상할 수 없었기 때문에도 무서웠다.

> 내 마음이 당신에게 무엇이기에
> 그렇게 반복해서 아프게 해야 하는지……
> 다른 것을 가지고 연습하세요.³
>
> 루이스 글룩(Louise Glück), '아침 예배'(Matins)

롭은 나보다 불과 한 살 위였고, 이론적으로는 부모님과의 씨름에서 서로 동맹을 맺을 수도 있었다. 하지만 어떻게 생각하면 부모님과 한편이 되어 나와 맞설 수도 있었다. 그러나 형은 그 어느 쪽도 택하지 않았다. 형은 자기 자신을 택했다. 형은 오직 한 사람만을 챙겼고, 그것은 바로 형 자신이었다. 나는 그것이 이기심이기보다는 자기를 보호하기 위한 것이었다고 생각한다. 그러나 우리는 여전히 형제였고, 둘 다 어느 시인이 "그 집의 만성적 분노"라고 말한 것의 위협을 받았고, 둘 다 거기에서 살아남을 길을 찾느라 애썼다.

단 한 마디로 형을 설명해야 한다면 나는 강인하다(tough)라는 단어를 택할 것이다. 하지만 철자는 't-o-u-g-h'를 쓰지 않을 것이다. 왜냐하면 그 철자는 'd-o-u-g-h'라는 철자를 생각나게 하고 'dough'(밀가루 반죽이라는 뜻, 발음은 '도우'에 가깝다—옮긴이)는 부드러운 것인데 형은 부드러운 것과는 정말 거리가 멀었기 때문이다. 그래서 나는 형이 't-u-f-f' 했다고 말하기를 좋아한다('tough'의 발음은 '터프'에 가깝다—옮긴이). 나는 지금도 형이 사람이나 사물을 향해 씩씩대는 소리가 들리는 것 같다. 그것은 형이 화가 나서라기보다는 힘과 영역을 표시하는 것에 더 가까웠다. 마치 곰이 발로 땅을 치며 쿵쿵거리는 것처럼 말이다. 형은 태연자약한 성격이었고, 싸움질을 좋아해서 동네 어린이 갱단의 두목 노릇을 했으며, 어머니의 애정은 한 방울도 필요로 하지 않는 것처럼 보였다. 터프 그 자체였다. 형제 중에 동생들이 종종 그렇듯, 나는 형을 사랑했고 동시에 혐오했다.

형과 나는 동네 아이들과 '시계'라는 놀이를 하곤 했다. 요즘에 그런 놀이는 우스울 것이고, 심지어 바보 같을 것이다. 그러나 지금과는 다른 시절이었다. 놀이의 규칙은 이랬다. 대여섯 명의 아이들이 벤치에 앉거나 바닥에 쭈그리고 앉아 있고 시계를 가지고 있는 아이가 대장이 되어 묻는다. "지금 몇 시지?" 놀이의 목표는 정확한 시간을 알아맞히는 것이었다. 틀리게 알아맞히면 놀이에서 제외된다. 결국 누군가는 시간을 제대로 맞추게 되고 그러면 다음번에 대장이 될 권리를 얻는다. 우리는 그 놀이를 날마다 몇 차례씩 했다.

하루는 그 시계 놀이를 하는데 내가 대장이었다. 그런데 그 전에 롭이 집에서 고기 써는 칼을 가지고 무슨 악당 흉내를 내면서 식탁을 뱅뱅 돌며 나를 쫓아다녔다. 그냥 내게 겁을 주려고 하는 것인지는 알았지만, 그날 아침에는 정말 무서웠다. 그래서 나는 형에게 복수하기로 했다. 형은 터프했는지 몰라도, 나는 약은 면이 있었다.

그날은 우리 집 현관 바로 앞에서 시계 놀이를 했다. 보통 우리 집 현관문은 잠겨 있었는데, 그날 나는 미리 계획을 꾸며서 문을 잠그지 않은 채 나왔다. 나는 줄지어 앉은 아이들 앞을 한 명씩 지나가며 물었다. "지금 몇 시지?" 그리고 마침내 롭 차례가 되었다. 롭이 틀린 답을 말하자 나는 최대한 세게 그의 얼굴을 쳤다. 그러고는 곧장 뛰어서 집 현관문을 열고 들어가 잠가 버렸다. 형은 문을 두드리며 "죽여 버릴 거야!"라고 고함을 질렀다. 아이들은 분명 놀라서 넋이 나간 표정이었을 것이다.

물론 롭은 나를 죽이지 않았고, 시간이 흐르면서 원래 시간의 강렬함이 사라지듯 롭의 화도 그렇게 사그라졌다. 그러나 그날 나는 또래들 사이에서 약간의 지위를 얻었다. 형은 동네 아이들 중에서 가장 터프했기 때문에 감히 형을 때린 아이가 하나도 없었던 것이다. 그러나 나는 형을 때렸고, 살아남아서 그 이야기를 이렇게 들려주고 있다. 형에게 그 일에 대해서 물은 적은 없다. 그러나 형은 분명 그날 내가 자랑스러웠을 것이다. 그게 바로 형이 그날 감옥에 내버려졌다면 내가 어떻게 살지 몰랐다는 말의 의미다. 형제로서 우리의 관계는 종종 적대적이었지만, 형은 나한테 그래도 투지가 좀 있다는 것을 보여 주는 증인이었다. 내게는 그러한 존재가 필요했다. 때로는 내가 사라질 것만 같은 생각에 사로잡혔기 때문이다.

3

 아버지의 아버지인 윌리엄 매닝에 대한 기억은 미미하다. 나는 최대한 할아버지를 피하려고 노력했다. 할아버지는 일하다가 다치셔서 정규 직업을 갖기가 힘들었다. 그래서 할아버지가 정기적으로 한 일은 술을 마시는 것이었다. 할아버지가 나를 안 좋게 대한 기억은 없다. 학대하거나 그런 것은 전혀 없었다. 할머니나 내 아버지에게 화를 낼 때 그 자리에 있은 적은 있지만, 그 무렵 할아버지는 이빨 빠진 호랑이에 가까웠다. 그러나 아버지가 어렸을 때는 그렇지 않았을 것이라고 추측한다.

 할아버지에 대해서 내가 좋아했던 점은 할머니와 결혼을 하셨다는 것이었다. 애나 매닝은 전형적인 아일랜드 여성이었지만 성질은 없었다. 나는 할머니를 사랑했다. 할머니는 아름다우셨다. 키는 160센티미터 정도 되셨는데, 키에서 모자라는 부분은 눈처럼 흰 머리카락으로 관을 쓴 친절한 얼굴이 보상을 하고도 남았다. 저명한 심리학자 앨리스 밀러(Alice Miller)는 '계몽된 증인'(enlightened witness)이라는 개념을 소개했는데, 아이를 학대의 위험으로부터 보호하기 위해서 아이 편에 설 수 있고 서고자 하는 사람을 일컫는 말이다. 할머니는 나의 계몽된 증인이었다. 할머니가 집에 계시면 나는 안전함을 느꼈다. 사랑받고 용납받는다는 느낌도 있었지만, 무엇보다도 안전함을 느꼈다. 할머니가 어머니에게 혹은 어머니에 대해서 불친절한 말을 하신 기억은 하나도 없다. 할머니는 우리 가정의 위태로운 상황을 이해하시는 것 같았고, 그것을 받아들이셨다. 그렇다고 해서 내가 학대당하는 것을 그냥 가만히 지켜보기만 하셨다는 뜻은 아니다. 할머니는 무장해제 기술의 달인이셨다. 어머니의 분노를 가라앉히는 말이나 어조의 기술이 탁월하셨다. 알코올 중독자 남편과 살면서 그 기술을 터득하지 않으셨을까 나는 종종 생각했다. 해야 할 말과 해서는 안 되는 말, 말을 해야 할 때와 하지 말아야 할 때를 그렇게 배우지 않으셨을까. 그러나 또 한편으로 할머니는 그 은사를 타고나셨는지도 모른다. 이생에서 그 기술이 필요할 것을 하나님이 아시고 그것을 엄청나게 부어 주셨는지도 모른다. 어떻게 해서 그런 기술을 습득하셨든, 할머니에게 그런 기술이 있었다는 것이 그저 기쁠 뿐이다.

내가 쓴 책 중에서 「아바를 사랑한 아이」(*The Boy Who Cried Abba*)라는 책을 개인적으로 가장 좋아한다. 윌리 후안의 이야기를 들려주는 책인데, 그 인물은 어느 정도 자전적인 인물이다. 그 책에서 중요한 등장인물 중 하나는 윌리 후안의 할머니다. 그 캐릭터는 젊은 시절에 아주 다른 인생을 살았다. 엉뚱한 곳에서 사랑과 행복을 찾으며 시간을 보냈다. 그러다가 어떤 큰 변화가 일어나서 그녀는 자신의 옛 생활방식을 버리고 이름을 캄 선셋(Calm Sunset, 평온한 석양)으로 바꾼다. 이제 막 괴롭힘을 당한 손자를 향한 그녀의 다정함을 묘사하는 부분을 발췌하면 이렇다. "우리 예쁜 윌리야, 네가 오늘 이런 취급을 당한 것은 새삼스러운 일이 아니지.……나서서 보호해 줄 부모가 없으니 너한테 못되게 굴어도 된다고 사람들은 그렇게 생각하는 거지……." 캄 선셋은 상당 부분 내 할머니에 기초한 인물이다. 캄 선셋은 할머니가 나를 위해서 그렇게 한 것처럼 윌리 후안을 위해서 나서 주었다. 어머니 말씀이 옳았다. 언제나 구한 대로 얻는 건 아니다. 그러나 일찍부터 나는 어머니가 절반만 옳았던 것은 아닌가 생각했다. 가끔씩은 구한 것보다 훨씬 더 많은 것을 얻는다고 나는 믿었던 것 같다.

리처드

대공황의 힘든 시기에 사람들은 '크고 못된 늑대'에 대해서 이야기했고, "그 늑대가 언제나 문 앞에 있다"고 했다.('아기 돼지 삼형제' 이야기에 나오는 그 늑대의 이미지를 차용한 것—옮긴이) 그 이미지는 그토록 힘든 시기에 모든 사람이 느꼈던 만성적 두려움을 반영했다. '크고 못된 늑대가 와도 안 무섭거든?'(Who's Afraid of the Big Bad Wolf?)이라는 노래가 그 당시의 단체가였는데, 가슴을 펴도록 모든 사람을 격려하기 위한 시도였다. 그런데 그 당시에 내게는 늑대의 이미지를 능가하는 또 다른 이미지가 있었고, 나는 그것을 '보이지 않는 용'으로 설명해 왔다. 이 괴물은 문 앞에 있는 크고 못된 것이 아니라, 내면에 있는 미묘하고 게걸스러운 것이었다. 그것은 바로 수치심이다.

내 유년기를 돌아보면 **수치심**이라는 단어가 우산처럼 덮고 있다. 그것은 사람으로서 내게 무언가가 아주 많이 부족하다는 느낌이다. 결함이 있고 자격이 없다고 계속 몰아대는 그런 느낌이다. 나는 늘 그런 기분이었다. 그리고 그것을 설명하는 단어가 단 하나인 것처럼, 단 하나의 기억이 모든 것을 한번에 설명해 준다. 나의 세계 전체에 결정적 영향을 미친 순간이었다. 내 책 「아바의 자녀」(Abba's Child)에서 이 경험에 대해서 넌지시 말한 적이 있는데, 여기에서 더 자세히 말하고 싶다. 왜냐고 묻고 싶은가? 글쎄, 이제는 용이 그렇게 두렵지 않기 때문이다.

모든 것이 은혜다

콜로라도 로키산맥에서 정말로 필요했던 치유와 고독의 시간을 보내며 긴 리트릿을 갖던 어느 날, 그 일이 다시 떠올랐다. 나는 유년기의 기억들을 다시 찾아가도록 도와주는 어느 심리학자의 돌봄을 받으며 아침 시간을 보내고 있었다. 상큼했던 어느 날 아침 그 심리학자와 이야기를 하는데, 내 인생에서 감정이라는 것이 하나도 없다는 사실을 깨닫고 깜짝 놀랐다. 그 어떤 것도 감정적으로 접근할 수 없는 것처럼 느껴졌다. 아주 오랫동안, 대략 여덟 살 무렵부터 나는 아무것도 느끼지 못했다는 사실을 깨달았다. 그 심리학자와 함께 작업을 하면서 그때 일어난 일을 기억해 냈다. 내 인생을 복구 불가능할 정도로 불행하게 만든 사악한 일이었다.

어느 날 어머니가 오전 근무를 마치고 오후에 집으로 오셨다. 어떤 이유에선지 그날 나는 이렇게 말하면서 거칠게 어머니를 맞이했다. "나보다 로버트를 더 사랑하죠? 그렇죠? 엄만 늘 형을 더 사랑했어요! 엄마 싫어요!"

어머니는 충격을 받은 표정이었지만 나는 물러서지 않았다. 나는 계속해서 어머니를 비난했다. "그러니까 엄마는 언제나 로버트를 가장 예뻐했던 거예요. 로버트한테는 늘 잘해 주고 나한테는 심술궂게 대하셨어요!"

어머니는 화가 나셨다. "그만해! 그 말 그만해! 당장 그만둬!"

리처드

어머니는 나를 향해 쿵쾅거리며 다가와서 주먹으로 나를 치기 시작하더니 내가 바닥에 쓰러질 때까지 계속해서 그렇게 때리셨다. 그리고 내 위로 올라타서 계속해서 나를 주먹으로 때리며 "입 닥쳐! 입 닥쳐!" 하고 고함을 질렀다.

그때 할머니가 들어오셔서 예의 그 침착한 목소리로 사태를 중단시켰다. "에이미, 그만두는 게 좋겠어. 애가 다치겠어." 내가 말하는 무장해제가 바로 이런 것이다. 할머니는 그런 상황에서 사람들이 보통 생각하는 것처럼 어머니에게 소리를 치며 들어오지 않으셨다. 할머니는 침착했고 자신의 그러한 부드러운 접근이 어머니를 멈추게 할 것을 아셨다.

어머니가 즉시 멈췄는지 서서히 멈췄는지는 기억이 나지 않는다. 내가 아는 것은 주먹질이 멈췄다는 것뿐이다. 그 전에도 사람으로서 내 가치에 의문을 가진 적이 있지만, 여덟 살 때의 그 경험은 나의 무가치함을 확인해 주었다. 나는 한 줌의 재로 사라질 것 같은 기분이었다.

어머니가, 그 용이 훅훅 불어서 나를 넘어뜨릴 때의 그것. 그것은 수치심이었다.

그 심리학자의 도움으로 인해, 그 사건 이후로 내가 감정적 자아에 재갈을 물렸음을 알게 되었다. 내게는 아무런 감정이 없었다. 아무 느낌도 없었다. 그렇게 하겠다고 그때 서약했기 때문이다.

아름다운 콜로라도에서 그 기억을 안고 다시 느끼려 하고 최대한 잘 슬퍼하려고 하면서 나는 며칠을 앉아 있었다. 그 기억을 처리하는 시간을 좀 갖고 나자, 치료사는 한 걸음 더 나가서 어머니를 용으로 생각하지 말 것을 내게 권했다. 그 당시에 했던 힘겨운 내적 작업이 드러낸 것은 수치심으로 똘똘 뭉친 가족이, 한 그룹의 사람들이, 작은 공간에 비좁게 몰아넣어져서 각자 자기 나름의 방식으로 외로움을 느끼고 있는 모습이었다. 비밀을 부추기고 친밀한 관계를 억제하는 패턴에 충성하는 인물들이었다. 거기에서 나의 배역은 반복되는 거절과 처벌 혹은 그것의 위협 속에서 유년기를 보내는 것이었다.

그리고 내가 나중에 생각하게 된 것은, 내 부모님의 유년기도 그리고 어쩌면 그분들의 부모님의 유년기도 그러했으리라는 것이다. 내 친구 리처드 로어(Richard Rohr)가 말한 것처럼, "고통을 전환시키는 법을 배우지 못하면 고통을 전이시킨다." 나는 어머니가 용이 아니라는 것을 깨달았다. 어머니는 용의 또 다른 희생자였다. 그러나 용은 잘 죽지 않으며, 따라서 수치심은 계속해서 세대에서 세대로 전달된다. 나도 그렇게 전달을 한 것 같아 걱정이다.

∾

서약. 주로 결혼식 때에만 듣고 그나마 이제는 결혼식에서도 예전만큼 잘 쓰지 않는, 구닥다리 단어다. 나는 어머니에게서 잔인함을 당한 후 스스로와 서약했다. 착한 아이가 되겠다고. 앨리스 밀러의 다음 글이 그것을 아주 잘 설명한다.

> 부모의 의식적 혹은 무의식적 소원을 이루는 아이들은 '착하다.' 그러나 한 번이라도 그렇게 하지 않거나 혹은 부모의 소원과 어긋나는 자기 자신의 소원을 표현하기라도 하면 그들은 이기적이고 사려 깊지 못하다는 말을 듣는다.……이런 식으로 양육받은 아이가 부모의 사랑을 잃고 싶지 않다면—도대체 어떤 아이가 그런 위험을 무릅쓰겠는가?—그는 아주 일찍부터 나누고, 주고, 희생하고, 기꺼이 '없이' 지내는 법을 배워야 한다.[4]

그래서 나는 여덟 살이라고 하는 무르익은 나이에 그 상황을 받아들이고 인정을, 특히 어머니의 인정을 받을 수 있는 것은 무엇이든 하기로 결심했다. 말대꾸를 하지 않을 것이고, 질문도 하지 않을 것이다. 그리고 보이기는 하되 들리지는 않도록 할 것이다.

당시에 내가 결코 알 수 없었던 사실은 서약과 거래는 미묘하게 다르고, 거래는 교활하고 비밀스러울 수 있다는 것이었다. '착한 아이'가 되겠다고 나 자신과 한 거래 때문에 나는 성인기의 대부분을 자기 목소리도 내지 못하고, 경이로움을 느끼지도 못하며, 자기 존중감도 없이 지내는 대가를 치러야 했다. 보이지 않는 용이 으르렁대자 나는 겁을 먹었고, 그리하여 내가 '사기꾼'이라고 부르는 것이 탄생했다. 내 여덟 해 인생의 그림자다. 사기꾼은 가짜 나인데, 나는 바로 그 모습으로 인생을 살기 시작했다. 슬플 때 기쁜 척했고, 실망했을 때 흥분한 척했고, 심지어 속으로는 정말로 화가 났는데도 상냥한 척했다. 내 모습과 목소리는 그대로였지만, 나는 내가 아니었다. 나는 가짜였다. 나는 나 자신의 사기꾼으로 살았다. 그러나 사기꾼으로 살면 해롭기만 할 뿐이다. 사기꾼이 어떤 사람인지 여기에 대략 나열해 보겠다. 읽는 당신도 무척 찔릴 수 있을 것이다.

- 사기꾼은 두려움 속에서 산다.
- 사기꾼은 용납과 인정 욕구에 사로잡혀 산다.
- 사기꾼은 종속적이다. 다시 말해서, 자신의 감정을 느끼지 못한다.
- 사기꾼의 인생은 들뜸과 우울 사이를 왔다갔다 한다. 사기꾼은 자신의 행위 그 자체다.

- 사기꾼은 누가 알아봐 줄 것을 요구한다.
- 사기꾼은 어떠한 관계에서도 친밀감을 경험하지 못한다.
- 마지막으로 그러나 마찬가지로 중요하게, 사기꾼은 거짓말쟁이다.

~

셰익스피어는 사랑을 '영원불변의 표시'라고 했다. 건강한 가족은 사랑의 정의를 안다. 그것은 분명하고, 경계가 있고, 획득할 수 있다. 불행히도 수치심에 매인 가족에게 사랑은 움직이는 표적이다. 하루는 이랬다가 또 하루는 저랬다가 하고, 이제 알겠다고 생각하는 순간 그게 아니라는 것을 발견한다.

한번은 크리스마스에—내가 열 살 때였던 것 같다—어머니에게 드릴 선물을 고르느라 싸구려 잡화점의 삐걱대는 나뭇바닥을 한참 걸어 다녔다. 그러다가 우연히 작은 수첩을 발견했다. 보통 전화기 옆에 두고 쓰는 그런 종류의 수첩이었는데 파스텔 톤의 분홍, 초록, 파랑으로 알록달록했다. 그런 수첩은 처음이었다. 나는 정말로 예쁘다고 생각했고 어머니가 무척 좋아하실 것이라고 확신했다. 크리스마스 아침이 되었고 부모님과 조부모님, 형과 여동생과 나, 모두가 모였다. 어머니가 내 선물을 뜯기 시작하자 나는 기대감에 숨을 죽였다. 어머니는 포장지를 뜯으시더니 수첩을 그냥 뚫어지게 쳐다보기만 했다. "이건 도대체 어디에 써먹는다니? 돈 낭비다!" 그 자리에 있던 모든 사람의 시선이 내게로 쏠렸고 영원과도 같은 느낌의 시간이 흐른 후에, 어머니는 내게 그 수첩을 던졌다. 그리고 매닝 가족은 다른 선물로 넘어갔다. 나는 마치 어머니에게 세계적으로 유명한 호프 다이아몬드를 사다 드렸는데 그것만으로 충분하지 않은 것 같은 기분이었다. 이해할 수가 없었다. 나는 완전히 짓밟힌 느낌이었다.

4

내 여동생 제럴딘을 언급하긴 했는데, 제대로 소개는 못했다. 앞에서도 말했듯, 어머니는 딸을 달라고 기도하셨다. 그 말을 내가 직접 듣거나 그런 것은 아니지만, 나는 알았다. 1943년에 동생이 태어남으로써 어머니의 기도는 마침내 응답되었다. 당시에 나는 아홉 살이었고, 제리의 탄생으로 집안 분위기가 달라졌다는 것을 기억한다. 좀 더 다정해졌다고 할까. 정확히 어떻다고 말할 수는 없지만, 어쨌든 그랬다. 예를 들어, 어머니가 저녁에 제리의 머리를 만져 주시는 것을 지켜보던 기억이 나는데, 어떤 때는 원하는 대로 모양을 잡는 데에 30분이 걸리기도 했다.

  돌이켜 보면, 어머니나 아버지가 더 다정해지신 것은 아니었던 것 같다. 그냥 제리의 타고난 다정함이 연쇄작용을 일으킨 것이었는지도 모른다.

여동생이 태어나서도, 어머니는 여전히 낮에 일을 나가셨고 아버지는 계속 일을 찾아다니셨고 형은 혼자 떠돌아 다녔다. 그래서 여동생을 보는 것은 내 몫이었다.

나는 아침에 제리의 손을 잡고 브루클린에 있는 맥킨리 공원으로 데려가곤 갔다. 우리는 오후에 어머니나 아버지가 돌아오실 때까지 거기에서 놀았다. 나는 늘 땅콩버터와 잼을 바른 샌드위치, 콜라를 점심으로 싸들고 갔다. 우리는 그네와 미끄럼틀과 시소를 좋아했지만 무엇보다도 좋아한 것은 모래놀이였다. 여동생의 경우는 모르겠지만, 내게 모래놀이는 순전한 놀이, 어린아이다움이었다. 모래놀이를 하는 곳은 사방으로 분명하게 경계가 쳐져 있었지만 그 안에만 들어가면 나는 무엇을 짓든 파든 마음대로 할 수 있었고, 그냥 자유롭게 존재할 수 있었다. 그 '존재'의 부분은 내가 잃어버린 부분이었다. 집에서는 결코 허용되지 않는 부분이었다. 허용되었으면 얼마나 좋았을까마는 그렇지 않았다. 따라서 동생을 데리고 공원에 가는 것은 열두 살짜리 소년이었던 내게 성가신 일이 아니었다. 내게는 그것이 지성소였다.

베티 스미스(Betty Smith)는 내 여동생이 태어난 1943년에 「나를 있게 한 모든 것들」(*A Tree Grows in Brooklyn*)을 출간했다. 이 책은 꿈꾸는 사람 프랜시 놀란과 그녀의 사랑하는 남동생 닐리의 이야기다. 그 아이들의 삶 주변에는 생계를 책임지고 열심히 일하는 어머니 케이티 그리고 종종 실업 상태인 알코올 중독자 아버지 조니가 있다. 어디서 들어 본 이야기 같지 않은가? 비록 나와 내 여동생은 매우 달랐지만, 우리 둘 다 프랜시와 같은 소망을 가졌었다고 나는 생각한다.

> 내 인생의 매 시간 매 분, 내가 **무엇이든** 되게 해주세요. 즐겁게 해주시고, 슬프게 해주세요. 춥게 해주시고, 따뜻하게 해주세요. 배고프게 해주시고……먹을 것이 넘치게 해주세요. 누더기를 걸치거나 잘 차려입게 해주세요. 진지하게 해주시고 속이게도 해주세요. 진실하게 해주시고 거짓말쟁이가 되게 해주세요. 존경받게 해주시고 죄를 짓게 해주세요. 무엇이든 좋으니 복된 매 순간마다 **무엇이든** 되게 해주세요. 그리고 잠들고 나면 계속해서 꿈을 꾸게 해주세요. 그래서 삶의 아주 작은 조각이라도 결코 놓치지 않게 해주세요.[5]

이 소설에 나오는 나무의 이름은 가죽나무인데, 일명 '천국의 나무'라고도 한다. 거친 환경에서도 무성하게 자라는 그 나무의 능력을 표현하는 중요한 은유다. 스미스는 그 나무를 이렇게 묘사한다.

어떤 사람들은 그 나무를 천국의 나무라고 불렀다. 씨앗이 어디에 떨어지든 하늘에 닿으려고 기를 쓰는 나무를 만들어 냈기 때문이다. 판자로 덮인 땅에서도 자랐고, 방치된 쓰레기 더미에서도 자랐고, 무엇보다도 시멘트를 뚫고 자라는 유일한 나무였다. 무성하게 자랐지만, 주택이 있는 지역에서만 자랐다.[6]

어머니 눈에 아무 쓸모없어 보인다고 생각했던 나란 존재가 여동생을 돌보는 책임을 맡은 것은 이상한 일이었다. "동생 잘 챙겨라"고 어머니는 말씀하셨다. 나는 척박한 환경에서 애를 쓰며 자라는 천국의 나무 같은 느낌이었다. 그 시절에 내 나뭇가지가 제리에게 그늘을 만들어 주었을 것이라고 생각하고 싶다. 여동생이 올려다보고 안전함을 느낄 수 있는 그런 사람 말이다. 여동생이 지금 나를 사랑한다고 믿는 것처럼 그때도 나를 사랑했다고 믿는다. 여동생이나 나 '무성하게' 자랐다고 말할 수는 없지만, 그래도 우리는 자랐다.

한번은 어머니가 아버지에게 나에 대해서 이야기하는 것을 들은 기억이 난다. 어머니는 이렇게 말했다. "리처드는 그냥 꿈이나 꾸는 아이일 뿐이에요, 에밋. 그래서 큰 인물은 못될 거예요."

어떤 면에서 어머니는 옳았다. 나는 꿈꾸는 사람이었고, 지금도 그렇다. 어떤 사람들은 반복해서 악몽을 꾼다. 여러 계절을 혹은 평생을 쫓아다니는 악몽을 꾼다. 어렸을 때 나는 반복해서 백일몽을 꾸었다. 공포가 아니라 희망의 백일몽이었다. 그 꿈에서 내 또래의 소년이 내게 다가와 말했다. "난 네가 좋아. 같이 놀아도 돼?"

여동생과 놀든 동네 아이들과 놀든, 노는 것은 내게 커다란 도피처였다. 동네 남자아이들과 시계 놀이를 했었다고 이야기했는데, 재미있는 놀이였지만 나이를 먹으면서 예상하다시피 그 재미가 좀 시들해졌다. 노상야구는 좀 더 큰 남자아이들이 하는 게임이었는데 적어도 열두 살은 되어야 했다. 그러나 술래잡기는 모든 아이들을 위한 놀이였다. 우리가 한 놀이는 술래잡기와 숨바꼭질의 혼합이었는데, 두 개의 팀으로 나누어서 한 팀은 쫓고 다른 한 팀은 쫓긴다. 쫓기는 팀은 가서 숨고 쫓는 팀이 그들을 찾는다. 쫓는 팀 사람이 쫓기는 팀의 사람을 찾아서 잡으면 누군가의 집 앞 계단에 가서 앉아야 한다. 우리는 그곳을 '감옥'이라고 불렀다. 그렇게 놀던 날 중에서 특별히 기억에 남는 하루가 있다.

나는 아무도 찾을 수 없는, 정말로 숨기 좋은 자리를 찾았다고 생각했다. 그런데 조이가 갑자기 나타났다. 이제 막 '조이'라는 이름을 자판으로 치는데 흉골 뒤로 통증이 지나간다. 그가 나타남으로써 내 인생이 달라졌다.

조이 키건은 길 아래에 살았고 갈색이 도는 금발머리에 아일랜드 사람의 푸른 눈을 가진 소년이었다. 전에도 그 아이를 보기는 했지만 한 번도 이야기를 한 적은 없었던 것 같다. 그런데 그날 조이는 나를 찾았고 나를 감옥으로 보내는 대신에 이렇게 말했다. "난 네가 좋아. 같이 놀아도 돼?" 그렇다, 내가 꿈에서 들었던 바로 그 말이었다.

그 말을 듣는 것이 내게 얼마나 감격스러운 일이었는지 말로 표현하기가 힘들다. 그 말은 칭찬이었는데, 우리 가족은 직접적인 칭찬을 거의 하지 않았다. 크게 넘어지기 전에 온다는 그 교만의 죄를 일으키기 때문이라는 이유에서였을 것이다.

그날 놀이가 끝나고 나서, 나는 계속해서 조이가 한 그 말을 되뇌며 내가 만들어 낸 것이 아니라고 스스로를 확신시키려 했다. 그러나 그 후로 조이는 나와 함께 놀면서 소리 내어 그 말을 반복했다. "나는 너랑 노는 게 좋아." 조이 키건은 처음으로 내 가장 친한 친구가 되었고, 분명 나도 그에게 그랬을 것이다.

조이와 나는 전형적인 남자아이들이었다. 예를 들어, 어느 날 오후에 내가 그에게 물었다. 만약에 자기 이름을 이 세상의 그 어떤 이름으로도 바꿀 수 있다면 무엇으로 하겠냐고. 그러자 그가 대답했다. "러드비그 니먼쉬니프터." 나는 그 말이 너무 웃기다고 생각했고, 우리는 둘 다 배를 잡고 웃었다. 그 이름은 어디에서 들었느냐고 물었더니 조이는 "그냥 소리가 좋아서"라고 대답했다. 예상했겠지만 조이는 내게도 그 질문을 했다. 오늘날까지도 나는 어디에서 그런 생각이 났는지 모르겠는데, "옷시오 못시오 지네 퍼레인"이라고 불쑥 내뱉었다. 그리고 우리는 또 죽도록 웃었다. 조이, 혹은 '러드비그'—그 후로 나는 그를 그렇게 불렀다—와 나의 우정은 꿈이 이루어진 것이었지만, 불행히도 그 꿈은 오래가지 않았다.

조이가 아플 거라는 생각은 한 적이 없었던 것으로 기억한다. 그의 부모나 나의 부모나 그것에 대해서 말하는 것을 들은 기억이 없다. 꿈이 이루어진 사실에 너무 사로잡혀 있어서 다른 사람에게는 자명했던 것을 놓쳤는지도 모른다. 모르겠다. 내가 아는 것은 어느 날 그의 집 앞에 응급차가 도착하더니 그를 데리고 병원으로 갔다는 것이다. 다음날 나는 술래잡기 놀이나 벽에 고무공 치기 놀이를 하러 서둘러 그의 집으로 갈 채비를 했다. 그날 아버지가 집에 계셨는데 나를 불러 세우더니 말씀하셨다. "리처드, 이제는 조이 키건 집에 놀러 갈 수가 없어." 어린아이의 단골 질문이 내 입에서 떨어졌다. "왜요?" 아버지는 숨을 깊이 들이마시더니 말씀하셨다. "어젯밤에 죽었기 때문이란다."

조이에게 뇌종양이 있었다는 말을 나중에 들었다. 그게 무슨 뜻인지 나는 정말 몰랐지만 말이다.

그 경험을 통해 나는 죽음을 처음 접하게 되었다. 죽은 새를 본 적이 있고 심지어 죽은 고양이도 본 적이 있지만, 사람은 처음이었고, 나랑 가까운 사람은 더더욱 처음이었다. 내가 아는 사람은 전부 건강했다. 뇌종양이 있는 사람은 하나도 없었다. 부모님은 조이네 가족을 잘 몰랐지만 존중하는 마음에서 나와 함께 장례식에 참석하셨다. 관 옆을 걸어 지나가면서 다시 한 번 완전히 길을 잃은 느낌이었던 것을 기억한다. 조이가 없다면 나를 찾으러 올 사람은 아무도 없었다.

형 롭은 늘 무리로 다녔지만, 내게는 그게 별 매력이 없었다. 나는 그냥 단 한 명의 친구만을 원했다. 조이와 같은 친구 말이다. 그 후로 조이와 같은 친구가 몇 명 있었다. 빌 헤니슨, 프랭키 팔리, 그리고 해리 와일리. 사실 해리와 나는 1947년에 양키스와 다저스의 월드시리즈 여섯 번째 게임을 같이 보러 간 친구 사이다. 우리는 새벽 1시에 일어나서 게이트가 열리는 오전 10시까지 기다렸는데, 매진 직전에 표를 구한 축에 속했다. 정말 대단한 게임이었고 대단한 추억거리다. 그래도 조이 만한 친구는 없었다. 그는 내가 꿈에서 들은 그 말을 한 친구였다. "난 네가 좋아. 같이 놀아도 돼?" 그는 내 깊은 욕망, 내가 구했던 그것을

모든 것이 은혜다

입으로 말한 친구였다. 그러나 어머니 말씀처럼, 언제나 구한 대로 얻는 건 아니다. 혹은 구한 대로 얻는다 해도, 오래가지는 않는다.

조이의 죽음은 어머니와 집주인 사이의 논쟁이 벌어진 시기에 일어났다. 집주인이 세를 올렸는데 어머니는 그것 때문에 무척 화가 났다. 어머니는 그것이 불법이라고 생각했다. 그래서 이사를 계획하기 시작했다. 그렇다고 크게 뭘 어떻게 할 수 있는 것은 아니었지만, 조이의 죽음에 대한 이야기는 올라간 집세에 대한 가족들의 당황스러움 때문에 뒷전으로 밀려났다. 그래서 나는 친구의 죽음을 새로운 장소로 뿌리 뽑혀 가는 것과 동시에 경험했다. 우리는 빨리 이사를 갔다. 여러 블록 떨어져 있는, 새로운 학교와 새로운 아이들이 있는 완전히 새로운 동네였다.

조이의 죽음은 나를 놀라게 했고 빠르게 자랄 수밖에 없게 만들었다. 나는 우리 집만 무슨 일이든 일어날 수 있는 무너지기 쉬운 곳이 아니라, 다른 아이들의 가정도 그렇다는 것을 깨달았다. 또 한 차례 경험한 죽음은 심지어 이 세상 전체가 위험하다는 것을 알게 해주었다.

1941년 12월, 아버지가 나를 거실로 부르시던 그날을 생생하게 기억한다. 우리 집에는 여느 가정에나 흔히 있는 그 커다란 라디오가 있었다. 아버지가 말씀하셨다. "조용히 하고 들어라." 그 다음에 내가 들은 목소리는 프랭클린 루스벨트(Franklin Roosevelt) 대통령의 목소리였다. "1941년 12월 7일인 어제, 오명으로 남을 그날에……." 진주만에 대해서 이야기하는 그의 목소리가 어찌나 무거웠던지 나는 그날 죽은 모든 사람에 대해 슬퍼했다. 그들의 이름은 하나도 몰랐지만, 대통령은 그 사건을 개인적인 사건으로 느끼게 만들었다. 그러나 조이의 죽음이 오직 슬픔으로만 점철되었던 반면, 그날은 자부심도 느낄 수 있는 날이었다. 대통령은 국민인 우리에게 희생할 것을, 악에서 선을 만들어 낼 것을 도전했다. 조이의 죽음에는 그런 식의 희망이 없었다. 그것은 그냥 상처였다. 그러나 이상하게 들리겠지만, 1941년 12월 7일은 희망으로 채워진 상처였다. 그날은 내가 남자가 된 것 같은 느낌이었다.

5

한두 마디로 부모님을 설명할 수는 없지만 두 가지만큼은 확실했다. 부모님은 아일랜드 출신에 가톨릭 신자였다. 그리고 자녀들도 그 유산을 이어 가기를 원하셨다. 그래서 내가 다녔던 학교에는 전부 '세인트 안셀름' 그리고 '천사들의 모후'(Our Lady of Angels)와 같은 이름이 붙어 있었다. 내가 받은 교육은 대부분의 학교 교육과 대동소이했지만, '천사들의 모후'는 브루클린에서 가장 좋은 중학교로 치는 학교였다. 어머니가 나를 늘 좋은 학교에 보냈다는 사실이 내가 느끼는 무가치함과 맞지 않는 것으로 보일지 모르겠다. 그러나 그렇지 않다. 수치심으로 묶인 가족에게는 겉으로 보이는 것이 매우 중요한데, 어머니는 겉보기에는 남부끄럽지 않은 가족임을 분명히 보여 주었다. 마치 우리가 주변의 아일랜드계 가톨릭 신자들과 잘 어울리는 것처럼 말이다.

리처드

그 학교의 핵심 교육 방침은 '반복은 학습의 어머니'였다. 내 머릿속에는 십계명과 더불어 '30일은 9월, 4월, 6월 그리고 11월'과 곱셈표와 나눗셈표 같은 것들이 영원히 각인되어 있다. 학과 수업은 자매들이라고도 불리는 수녀들이 했다. 그중에서 여배우 줄리 앤드류스(영화 '사운드 오브 뮤직'에서 주인공 수녀 역을 맡았던 배우 이름—옮긴이)를 닮은 사람은 하나도 없었지만, 그와는 다른 종류의 아름다움을 소유한 사람들이 더러 있었다.

그중 한 사람이 토마시나 수녀님이었다. 다른 학생들은 자신이 그 선생님의 애제자라고 생각하겠지만, 실은 내가 애제자였다고 나는 주장할 수 있다. 적어도 날마다 그 선생님이 내게 주었던 느낌은 그랬다. 그분은 하루도 기분 안 좋은 날이 없는 것 같은 그런 분이었다. 물론 그런 날이 있었겠지만, 아마도 내가 놓쳤을 것이다. 그 선생님은 어머니처럼 나를 대했는데, 내 어머니의 차가움과는 대조되는 따뜻하고 여성적인 분이셨다. 토마시나 수녀님의 은사는 격려였는데, 내가 얼마나 똑똑한지 그리고 학교에서 얼마나 잘하는지 자주 말해 주었다. 말로 한 격려였지만, 내 어깨에 얹은 손과 빛나는 미소를 통해 내 뼈로 직접 전달되었다. 당연히 나는 그 선생님께 소년의 연정을 품었다.

나는 읽기와 쓰기를 매우 좋아하게 되었는데, 내게는 무척이나 자연스러운 활동이었다. 그리고 평생을 성실하게 유지한 두

연애 대상이기도 하다. 작가가 될 것 같은 낌새를 처음 알아차린 것은 아마도 영어 선생님이었던 메리 프랜시스 수녀님의 과제 때문이었을 것이다. 과제는 간단했다. '전날 가족에게 일어난 일을 한 문단으로 쓰라.' 그 한 문단이 순식간에 여섯 페이지로 발전했다. 이야기의 요지는 달려가다가 걸려 넘어진 일이었다. 나는 이렇게 적었다. "갑작스레 나는 부드러운 시멘트에 빠져 있었고 일어날 수가 없었다." 형이 근처에서 놀고 있었는데 내가 도와달라고 외치는 소리를 듣고 와서는 나를 끌어내어 주었다.

뒷이야기는 이렇다. 집에 도착했을 무렵, 바지에 묻은 시멘트가 굳기 시작했다. 어머니는 바지 한 벌을 더 사야 해서 화가 나셨다. 내 안전은 부차적인 문제인 것 같았다. 어머니가 자신의 분노에 대해서 내가 글을 쓴 것을 알면 아버지로 하여금 내게 벌을 주게 하실 것을 나는 알았다. 앞에서도 말했듯, 겉으로 보이는 것이 전부였다. 그래서 내가 처음으로 직접 편집한 그 글에서 나는 형으로부터 구출받은 대목에서 이야기를 마쳤다. 메리 프랜시스 수녀님은 내 이야기에 A를 매겨서 돌려주셨다. 고친 부분은 한 군데밖에 없었다. '갑작스레'를 '갑자기'로 고쳐 주셨다. 그분의 부드러운 수정 방식에 나는 놀랐다. 내가 집에서 경험한 것하고는 너무도 달랐다. 갑작스레, 아니 '갑자기', 누군가가 나를 믿어 준다는 생각이 들었다.

리처드

읽기와 쓰기는 즐겼지만, 종교는 그다지 즐겁지 않았다. 어렸을 때 내게 하나님은 스테인드글라스 천장이었다. 저 멀리 위에 뚝 떨어져 있는 크고 냉혹한 신이었다. 내가 어렸을 때 하나님에 대해서 가졌던 생각을 설명하기 위해서 쓰는 표현이 있는데, 플래너리 오코너(Flannery O'Connor)의 '칠면조' 이야기에서 빌려온 표현이다. 하나님은 내게 "무서운 하나님"이었다. 플래너리는 그 이야기의 주인공 룰러에 대해서 이렇게 썼다. "그는 걸음아 나 살려라 하고 뛰었다. 집 앞길로 접어들자 그의 심장은 다리만큼이나 빨리 뛰고 있었다. 그는 무서운 하나님이 뻣뻣한 팔과 손가락을 뻗어 금방이라도 자기를 움켜쥘 듯 쫓아오고 있는 것만 같았다."[7] 가톨릭 학교를 다니던 그 시절에 내가 하나님에 대해서 가졌던 느낌이 바로 그랬다. 인격적이고 사랑하시는 하나님에 대해서는 들은 적이 없었다. 형벌을 피하기 위해서 십계명에 복종하는 것만이 강조되었다.

그런 의미에서 학교의 종교적인 측면은 우리 집과 같았다. 하나님은 "무서운 하나님"이라고 믿는 것과 더불어 나는 그분을 '분리된' 존재로 경험했다. 그것을 설명하려면 고해성사 때 내가 한 경험을 설명하는 게 좋겠다. 신부님 중 한 분이 자기 자리에 앉았고 나는 내 자리에 앉았다. 나는 신부님을 볼 수는 없었지만, 제때에 그 목소리는 들을 수 있었다. 한 번씩 신부님은 부드럽게 대해 주었고, 우리의 대화는 대략 이렇게 진행되었다.

> 나: 나를 축복하소서, 아버지여, 내가 죄를 지었습니다. 일주일 만에 고해성사를 합니다. 형을 때렸습니다. 형에게 침을 뱉었습니다. 그리고 부모님께 불순종했습니다.
> 신부: 아주 좋은 고백이다. 잘 준비했구나. 내가 복을 빈다.……속죄를 위해 "우리 아버지여"를 세 번 암송하고 "성모송"을 세 번 암송해라.

그러나 대부분의 경우 내가 확신컨대 신부님은 화가 나 있는 것 같았다. 거의 고함에 가깝게 말을 하는 경우가 많았는데, 대략 이랬다.

> 신부: 부모를 조금도 존경하지 않니? 어떻게 감히 불순종할 수가 있어! 네가 한 일을 정확하게 말하고 하나도 빼놓지 마라!
> 나: 어머니가 얇은 베이컨 4백 그램을 사오라고 시켰는데 깜빡하고 비계를 샀습니다. 내가 불순종해서 어머니가 화가 나셨습니다.

화가 나 있는 그 신부님들의 목소리를 통해서, 나와 그리고 내 인생과 분리되어 있는 화가 난 무서운 하나님의 음성을 들었다. 그래서 집에서처럼 나는 형벌을 피하기 위해서 내게 요구되는 것은 다 하기로 서약했다. 나는 착한 가톨릭 신자 소년이 되려고 최선을 다했다. 심지어 한 해는 용기를 내어 미사 집전을 돕는 복사(服事)를 해보려고도 했다. 그런데 어떤 이유에서인지 나는 라틴어를 외울 수가 없었다. 신부님을 실망시켰다는 것을 나는 알았고(신부님이 그렇게 말했다), 그 말은 당연히 내가 하나님을 실망시켰다는 뜻이었다. (하나님이 신부와 의견이 다를 이유가 무엇이겠는가?) 그리고 그것은 어머니가 나에 대해서 (한 번 이상) 한 말을 더 분명히 해주었다. "큰 인물은 못 될 거예요."

토마시나 수녀님이나 메리 프랜시스 수녀님 같은 분들의 격려가 크기는 했지만 머릿속에서 떠나지 않는 어머니의 그 목소리—'그냥 꿈이나 꾸는 아이일 뿐'— 앞에서 그 격려는 빛이 바래 버렸다. 나는 '뿐'이라는 그 단어를 싫어한다.

영화 '네버랜드를 찾아서'(Finding Neverland)에 보면 어린 피터 데이비스가 J. M. 배리의 개 포토스를 설명하는 장면이 나온다.

피터: 이건 말도 안 돼요. 그냥 개일 뿐이잖아요.
배리: 개일 뿐이라고? 뿐?

(포토스에게) 포토스, 무시해라.

(피터에게) 포토스는 곰이 되고픈 꿈이 있는데 너는 그냥 개일 뿐이라는 말로 그 꿈을 깨고 싶니? 얼마나 끔찍하게 맥 빠지는 말이니. 그건 마치 "그는 저 산을 오를 수가 없어. 인간일 뿐이니까." 또는 "저건 다이아몬드가 아니야. 돌멩이일 뿐이야"라고 말하는 것과 같아.[8]

그래서 하나님과 신부님과 부모님을 달래기 위해서 나는 일요일에 미사에 참석했다. 그러나 내가 무슨 기도를 드리든, 나는 그것에 대해 말하지 않았다. 나는 곰이 되고 싶은 것은 아니었다. 그냥 내가 되고 싶었다. 그게 누구인지는 정확히 몰랐지만 말이다.

이런 유년기의 구체적인 기억을 좀 더 나눌 수 있으면 좋겠는데, 그럴 수가 없다. 부모님이나 친구들이나 선생님이 이야기했던 단어와 문장들을 더 많이 기억하면 좋겠는데, 그럴 수가 없다. 앞에서도 말했듯, 착한 아이가 되겠다는 결심은 내 뿌리를 효과적으로 잘라 냈고 아마도 그것이 내 기억의 발육도 막았을 것이다. 여섯 살부터 열여섯 살까지의 내 인생을 요약하면, 착하고 순종적인 소년이 되기 위해서 내가 할 수 있는 일을 했던 10년이라고 하는 것이 적합할 것 같다. 그 요약이 특별히 자랑스러운 것은 아니지만, 어쩔 수 없다. 그러나 내 인생이 늘 그런 것은 아니었다.

6

열여섯 살에도, 일요일 아침은 여전히 똑같았다. 나는 여전히 일요일 아침 미사에 참석했고, 마찬가지로 멀리 계신 하나님을 경험했다. 그러나 토요일 밤에는 뭔가 다른 일이 일어나기 시작했다. 내가 술을 마시기 시작한 것이다.

만약에 누군가가 내게 지금까지 우리 가족이 소비한 알코올의 양을 분포도로 표시하는 가계도를 보여 주었다면, 나 또한 그렇게 되리라는 것을 예상했을 수도 있다. 아버지도 음주 문제로 씨름하셨고, 아버지의 아버지도 그러셨다. 그 이전 세대는 또 어땠을지 누가 알겠는가. 그러나 그러한 그래프는 없었고 아버지와 할아버지도 그것에 대해서 말하지 않았고 열여섯 살의 나도 별로 듣고 싶지 않았을 것이라고 확신한다. 나는 어렸고 끔찍하게 불안정해서 그렇게 느끼지 않을 수 있는 것이라면 무엇이든

리처드

해보고 싶었다. 하지만 이제부터 내가 술에 대해서 하는 말은 다 미심쩍어 하는 것이 지혜로울 것이다. 내가 하는 말이 진실이 아니어서가 아니라, 내가 하는 말이 표면만 겨우 긁어 댈 뿐이기 때문이다.

내가 열여섯 살이었다고 앞에서 말했다. 당시에 나는 동네 식료품 가게에서 배달부 일을 했는데 토요일이 급료를 받는 날이었다. 그래서 토요일 밤마다 나는 그 후로 수년간 지속된 패턴에 빠지고 말았다. 급료를 받으면 가서 생맥주를 연거푸 마셔 댄 것이다. 첫 음주에 대한 기억 같은 것은 없다. 딱히 심오하다고 할 만한 순간은 아니었다. 기억했으면 하고 바라는 마음도 있다. 그러면 누군가에게 혹은 무언가에 탓을 좀 돌릴 수 있을 테니 말이다. 그러나 음주의 결과는 기억한다. 흥분이 되었다. 음주는 순간적으로 내게 자신감을 불어넣어 주었다. 자신이 부적절한 존재라는 느낌에 시달려 온 소년에게 그러한 흥분은 정말로 반가운 안도감이었다. 그러나 당시에 결코 깨달을 수 없었던 것은 내가 내 머리에 총을 쏴 대고 있다는 사실이었다. 그 총알은 이상한 시간 왜곡을 지나면서 마침내 그 표적에 도달하는 데 여러 해가 걸렸다.

열여덟 살에 나는 술을 마시다가 처음으로 정신을 잃었다. 보통 그렇게 정신을 잃으면 사람들은 그 공포 때문에 술 마시는 것을 그만두게 된다. 어떤 음주가가 말했듯, "정신을 차리고 보니 턱에 깃털이 묻어 있으면 잉꼬를 잡아먹었다는 뜻 아닌가." 하지만 나는 그만두지 않았다. 스무 살이 되었을 때 나는 깔때기라는 별명을 얻었다. 주 5일을 매일 밤 맥주 12잔 정도를 마시고, 하루건너 하루씩은 호밀 위스키 반 리터 정도를 마시고, 종종 일주일에 한 번은 정종 1리터를 마셨기 때문에 얻은 별명이 분명했다. 그 당시는 정말이지 많이 마셨다. 내 주량이 그 정도였기 때문에 나는 숙취도 견뎠고 여전히 대부분의 상황을 큰 탈 없이 넘겼다. 내가 아끼는 어떤 사람이 이렇게 말했다. "시내로 나가서 여전히 우스갯소리를 해댈 정도였지."

부모님한테 들킨 기억은 없다. 내가 열여섯 살이었으니 여동생이 일곱 살이었는데, 어머니의 관심은 온통 여동생 제리에게 가 있었고, 또 그랬어야 마땅했다. 어머니는 분명 낌새를 채셨을 것이다. 아버지가 술 문제로 씨름하는 것을 보셨으니 말이다. 하지만 그 나이에는 어차피 말려도 소용이 없다고 생각하셨을 것이다. 아버지도 분명히 아셨을 것이다. 하지만 그 문제를 내 앞에서 꺼내기에는 너무 오랜 시간을 기다렸다고 느끼셨는지도 모른다. 자녀가 집을 떠나기 전에 말을 하지 않았다면, 이미 때는 너무 늦은 것이다. 아버지가 무슨 말이든, 아무 말이라도 하려고 애를 쓰셨더라면 하는 아쉬움이 크다. 그러나 아버지도 자신의

리처드

아버지로부터 그러한 아버지 노릇의 '패'를 물려받지 못했을 것이고, 어머니의 말씀대로, "패가 없으면 게임을 할 수가 없다."

7

대학에 가겠다는 결심을 하게 된 주요인은 학교에 다니면서 글쓰기에 대해서 격려를 받았기 때문이었다. 나는 스포츠 기자가 될 요량으로 퀸즈에 있는 세인트존스 대학교에 응시를 했다. 세인트존스 대학교에서 보낸 첫 학년에 대해서 두 가지를 기억한다. 내게 재능이 있었다는 것, 그리고 술을 좋아했다는 것.

재능에 대해서 알게 된 것은 내가 듣던 연설 수업에서였다. 그날 그 수업 시간에 내가 했던 연설의 내용은 기억나지 않지만 강의실의 반응은 긍정적이었다. 수업 후에 교수님이 나를 잠시 보자고 했다. 그분은 오래 끌지 않고 단도직입적으로 말했다. "리처드, 넌 정말로 큰 재능이 있어. 잘 쓰도록 해라." 나의 연설 능력에 대해서 누가 이야기해 준 것은 그때가 처음이었다. 아마도 그것이 나의 첫 공개 연설 경험이었기 때문일 것이다. 그 교수님의 말이 모든 것을 바꾸었다고 선뜻 말할 수는 없지만, 무언가를, 내가 나를 보는 관점과 관련된 무언가를 바꾸어 놓은 것은 사실이다. 때로는 단 하나의 문장이 수년간 들어온 "큰 인물은 못 될 거예요"라는 말과 맞설 수 있다. 교수님이 날 믿어 주셔서 뛸 듯이 기뻤지만, 약간 불안하기도 했다. 누군가가 내게 '큰 재능'을 주었다면 교수님을 능가하는 누군가가 나를 믿는다는 뜻이었다. 어쩌면 좀 대단한 누군가가 말이다.

1학년 때의 또 다른 기억도 그만큼 생생한데, 그처럼 가슴에 사무치는 기억은 아니다. 어떤 기적인지는 몰라도 나는 공부를 한 기억이 없는데 늘 B를 받았다. 내가 술을 마신 것은 기억한다. 래리 채피와 나는 수업이 끝나고 오후 2시 반 정도에 다저 카페로 가서 해가 질 때까지 술을 마셨다. 어떤 날은 수업을 빠지기도 했지만, 다저 카페만큼은 개근을 했다. 거기에 있는 사람들이 전부 내 이름을 알았다.

세인트존스 대학교에서 2학년이 되고 얼마 후에 친구 세 명—조 멀리건, 톰 피츠제럴드, 그리고 찰리 피터슨—이 해병대에 지원하기로 했다. 그들은 내게도 같이 지원하자고 했고, 나는 "그러지 뭐"라고 대답했다. 또래 압력 때문에 지원했다기보다는 그러한 변화가 주는 가능성의 느낌 때문에 지원했던 것 같다. 대학에 남거나 아니면 해병대에 가서 은성훈장을 받거나, 어쩌면 퍼

모든 것이 은혜다

플하트훈장까지 가로채거나, 심지어 청동성장까지 달고 영웅이 되어 집으로 귀환할 가능성에 대해서 생각했던 기억이 난다. 그러면 마침내 나와 가장 가까운 그 사람들로부터 제대로 인정을 받을 것이다. 그래서 대학 2학년생들이 종종 취하는 그런 충동적인 방식으로 나는 1952년 10월에 세인트존스 대학교를 자퇴하고 18세 청소년으로서 해병대에 지원했다.

예상보다 빨리, 나는 사우스캐롤라이나에 있는 패리스 아일랜드로 가서 신병기초훈련을 받게 되었다. 첫날에 40명의 다른 젊은 남자들과 함께 청결 검사를 받고 머리를 밀어 버림으로써 나는 소속감을 경험했다.

훈련교관들은 나와 같은 몽상가들을 기가 막히게 알아보는데, 제임스 휘슬러 병장은 처음부터 나를 표적으로 삼았다. 어느 날 아침 그가 내게 다가와서 물었다. "이봐, 아침에 머리 밀었나?" 나는 그렇다고 거짓말을 했다. 당시에 나는 복숭아 솜털 이상으로 머리를 기른 적이 없었다. 하지만 병장은 매끈한 머리를 좋아했다. 병장은 곧바로 가더니 면도날을 가지고 돌아와서 명령했다. "밀어! 당장!" 나는 착한 해병이 되려고 했었기에 대형을 갖추어 선 곳에서 머리를 밀기 시작했다. 면도용 크림이나 로션이 있었다면 참 좋았을 것이고 아쉬운 대로 물만 있었어도 좋았겠지만, 내게는 오직 면도날뿐이었다. 얼마나 많이 베였는지 우습지도 않았다. 면도날에는 피가 잔뜩 엉겨 붙어 있었다. 명령이 주어지면 무조건 따라야 한다는 해병대의 강력한 믿음을 제대로 접한 셈이었다.

몇 주간의 기초훈련을 마친 후, 친구 조 멀리건과 나는 버지니아의 콴티코 기지에 있는 탄약 폭파 학교로 배정이 되었다. 우리는 당시에 해병대가 가지고 있던 온갖 종류의 무기를 다 가지고 작업했고, 소총에서부터 곡사포까지 모든 무기의 복잡한 내용들을 다 배웠다. 한국으로 배치되는 것은 기정사실이었고 언제 가느냐 하는 것만 남았다고 우리는 거의 확신했다. 토요일 밤이면 병사들은 잠시 인생을 잊기 위해 맥주 집을 찾았다. 나로서는 반길 일이었다. 어느 토요일 밤 자정 무렵에 둘러앉아 맥주를 마시는데 내가 마지막 피처를 사겠다고 했다. 그보다 조금 전에 레이 브레넌이라고 하는 사람이 우리와 합석했는데, 그가 "나는 됐어, 고마워"라고 말했다. 나는 믿을 수가 없었다. "뭐라고? 도대체 무슨 일이야?" 그러자 그가 나를 보며 말했다. "내일 단에 나가야 돼."

레이의 말은 성체성사에 참석한다는 뜻이었다. 가톨릭교회의 규칙에 의하면 다음날 아침에 성체성사를 받을 계획이라면 전날 자정 이후에는 아무것도 먹거나 마셔서는 안 되었다. 그런데 이상한 것은 "내일 단에 나가야 돼"라는 말을 내가 알아듣기는 했으나 거기에서 완전히 다른 의미의 말도 들었다는 사실이다. 나는 그 말을 '네 친구가 되고 싶어'라는 의미로도 들었다. 어떻게 그렇게 들었는지는 묻지 말기 바란다. 그냥 그렇게 들렸다. 그의 얼굴 표정 혹은 목소리의 어조에 무언가가 있었던 것이 분명하다. 그래서 곁에 앉아 자제하는 레이를 두고 나는 피처 하나를 사서 마셨다. 그리고 며칠 만에 우리는 해병대 시절 이후까지 이어지는 우정을 맺었다.

우리는 한국으로 가기 전에 열흘간의 휴가를 받았다. 나는 레이를 브루클린으로 초대했고 그는 시카고에 들러서 자기 부모님도 만난다면 가겠다는 조건을 내세우며 동의했다. 나는 정말 좋은 생각이라고 여겼다. 레이는 나를 '가장 친한 친구'라고 자기 가족에게 소개했다.

거기에서 나는 레이의 어머니인 프랜시스 브레넌을 만났다. 그분과 나는 서로 잘 통했고, 그때부터 그분은 나를 자기 아들처럼 아꼈다. 그리고 실제로 여러 면에서 그날 이후로 나는 그분의 아들이 되었다.

우리는 브루클린으로 갔고, 나도 레이를 우리 가족에게 '가장 친한 친구'라고 소개했다. 우리 가족은 레이에게 친절하게 대해 주었지만, 분위기는 무거웠다. 며칠 후면 한국으로 떠나기 위해서 라구아디아 공항으로 갈 예정이었기 때문이다. 형이 1년 전에 먼저 한국으로 갔고, 이제 그 다음 아들인 내가 해를 입을 수도 있는 길로 갈 참이었던 것이다. 이번이 마지막으로 가족을 보는 것일 수도 있다고 생각하니 좀 이상하기도 했다. 어떤 기분이어야 하는지 아는 사람은 가족 중에 아무도 없었던 것 같다. 하지만 무엇을 해야 할지는 알았다. 공항까지 우리를 배웅하러 나왔던 것이다. 내가 예상치 못했던 뜻밖의 일은, 아버지가 앞으로 다가오시더니 내 손을 잡고 악수를 하면서 "행운을 빈다, 아들. 무사히 돌아오너라"고 말한 것이었다. 과거 그 어느 때보다 그리고 어쩌면 그 후로도 그날만큼 아버지가 가깝게 느껴졌던 적이 없다. 레이와 나는 한국을 향해 떠났고, 1953년 6월에 그곳에 도착했다. 그로부터 한 달 후 휴전 협정이 맺어졌고, 전쟁은 끝이 났다. 전쟁 영웅이 되어 집으로 돌아갈 수 있을지도 모른다는 생각은 전부 물거품이 되어 버렸다. "패가 없으면 게임을 할 수가 없다."

남은 일은 탄약 폭파 전문가로서 3년간 해병대에 복무하는 것이었다. 그 다음에 일어난 일에 대해서는 자세하게 기억하지 못하지만, 우리 분과는 18개월간 일본으로 보내졌다. 그 기간 동안에 나는 내게 주어진 패를 가지고 게임을 하기로 결심하고 내가 즐거워하는 일, 즉 글 쓰는 일에 시간을 쏟아붓기로 했다.

나는 스포츠기자 레드 스미스를 무척 좋아했고, 그래서 그가 쓴 칼럼은 다 읽고 연구했다. 그는 내가 문체를 따라 하려고 했던 첫 작가다. 우리 해병대 분과는 주간 신문을 발행했는데, 나는 몇몇 기사에 대해서, 특히 스포츠와 조금이라도 관련이 있는 기사에 대해서는 논평을 써서 보내기 시작했다. 누군가는 그 논평을 보았던 것 같다. 왜냐하면 나도 모르는 사이에 군대에서의 내 전문 직업이 탄약 폭파 전문가에서 종군 기자로 바뀌어 있었기 때문이다. 나는 신문사로 이동되었고 거기에서 글을 쓰는 임무를 받았는데 스포츠 행사를 다루는 글도 포함되어 있었다. 전쟁이 끝난 것에 대해서 내가 느낀 이상한 실망이 무엇이었든, 내가 좋아하고 긍정적으로 확인받을 수 있는 일을 할 기회가 생겨서 그 실망도 곧 사라져 버렸다. 신문을 담당하고 있던 기술 병장 조지 윌슨은 내게 여러 번 말했다. "자넨 정말 글을 잘 써."

8

군 복무자로서, 나는 대학에서 학부나 대학원 공부를 할 수 있도록 학비 지원을 신청할 수 있었다. 번잡한 관료 절차를 수차례 걸친 후에, 나는 1955년에 조기 제대 후 작가의 꿈을 이루겠다는 결심을 안고 미주리 대학교에서 가을 학기를 시작했다. 당시에 미주리 대학교는 최상의 저널리즘 프로그램을 갖춘 학교 중 하나였다. 내가 곧 꿈속의 꿈을 가지게 되리라는 생각은 전혀 하지 못했다. 지난 세월 동안 이 경험에 대해서 책과 강연을 통해 이야기했는데, 여기에서 반복하는 이유는 내 인생에서 정말로 중요한 경험이기 때문이다.

한번은 아침에 꿈 때문에 놀라서 깼다. 꿈의 골자는 지위와 신분에 대한 내 열망을 다 성취한 것이었다. '제법인 꿈'이라고 부를 수도 있겠다. 제법인 아내, 제법 돋보이는 집, 제법 빠른 자동차, 제법 큰돈, 노벨 문학상과 같은 제법 인상적인 문학상. 나는 공포에 떨며 잠에서 깨서 외쳤다. "하나님, 이게 다일 리가 없어요!" '제법'이라는 코스로 이제 곧 항해를 나설 스물한 살의 청년에게 그 꿈은 동요를 일으키지 않을 수 없었다. 나는 마침내 어떤 방향과 목적, 나 자신이 될 수 있는 길을 찾았다고 생각하고 있었다. 그런데 그 꿈은 전부 다 가진다 해도 충분하지 않다는 느낌이 들게 하면서 모든 것을 멈춰 서게 만들었다. 20대 초반에는 결코 무언가를 많이 알 수 없지만, 내가 확실히 아는 것은 내 여생을, 괴테의 표현대로 "이 어두운 지구에서 불안해 하는 손님"으로 보내고 싶지는 않다는 것이었다.

그 나이에 내가 스스로를 종교적이라고, 심지어 영적이라고 말할 리는 절대 없었지만, 그럼에도 나는 캠퍼스의 영적 지도자를 만나기로 약속했다. 나는 대화 상대가 필요했고, 내 꿈을 해석하도록 도와줄 누군가가 필요했다. 그분의 이름을 여기에 적어서 경의를 표하고 싶지만, 정말로 그분의 이름을 기억했으면 좋겠지만, 기억을 할 수가 없다. 그분은 꿈에 대한 내 설명과 이어서 내가 '더'라고 불안하게 외친 이야기를 집중해서 들어주었다. 그 점잖은 분은 나를 보며 말했다. "리처드, 어쩌면 그 '더'가 하나님인지도 모르겠구나."

세심하지 않은 관찰자라면 내가 해병대에 가기로 한 결심이

일시적인 기분에 불과한 것이었다고 볼 것이다. 친구들과 내가 그냥 가기로 해서 간 것이라고. 거기에는 일말의 진실이 있다. 그리고 그 관찰자는, 미주리 대학교에서 불과 한 학기만을 보낸 후에 프란체스코회 신학교로 가기로 한 것도 일시적인 기분에 한 결심이라고, 심지어 무모한 결심이라고 말할 것이다. 그러나 나는 그 말에는 동의를 하지 않겠다. 미주리 대학교를 떠날 때 나를 동반해 준 친구는 하나도 없었다. 오히려 지지도 거의 받지 못했다. 그리고 군대에 가기로 한 결정은 명성의 가능성을 안고 있었지만, 그 영적인 결심은 '더'의 가능성을 안고 있었다. 더 무엇을 말인가? 확실히 알 수 없었지만, 그물을 버리고 예수님을 따른 제자들처럼 나는 충분히 검토한 계획을 버리고 새로운 꿈을 따라 나섰다.

전에 나는 이때가 바로 내가 하나님을 찾기 시작한 때라고 썼다. 그러나 내가 실제로 무엇을 찾고 있었는지 그때 말할 수 있었다고는 확신하지 못한다. **의미** 혹은 **목적**과 같은 단어들이 **하나님**만큼이나 내게는 무게가 있었다. 확실히 혼란스러운 시기였고, 우리 가족이 내게 자비를 베풀거나 지혜를 나누어 주지 못해서 더 힘들었다. 펜실베이니아 로레토에 있는 프란체스코회 신학교에 입학하기로 한 나의 결정이 가족들의 눈에는 그저 비겁함을 거창하게 전시하는 일로 밖에는 보이지 않았을 것이다.

리처드

형 롭은 내가 신학교에서 일주일도 버티지 못할 것이라는 데에 50달러를 걸기까지 했다. 그들에게 나는 조셉 콘래드(Joseph Conrad)의 소설에 나오는 로드 짐과도 같은 존재였다. 콘래드의 묘사는 완벽하다.

> 다른 사람의 밀접한 필요를 이해하려고 할 때 비로소 우리는 나와 함께 별을 보고 태양의 따스함을 누리는 이 존재들이 얼마나 이해할 수 없고, 흔들리고, 모호한 존재인지를 감지한다.[9]

나는 신학교에서 일주일은 버텼다. 그러나 간신히 버텼다. 돌이켜 보면, 군복을 입은 해병에서 예복을 입은 형제가 되는 것은 '더'를 찾는 내 탐색에 아주 바람직한 다음 단계는 아니었던 것 같다. 다소 극적인 행보였음을 인정한다. 그리고 준비가 되어 있지도 않았다.

로레토에서 일주일을 보낸 후, 나는 짐을 쌌다. 하나님께 충분히 기회를 드렸다고 생각했다. 그래도 아직 예의는 차릴 줄 알아서 어거스틴 신부님께 "안녕히 계십시오" 정도는 하고 떠나야 할 것 같았다. 그래서 나가는 길에 그분 사무실에 들렀는데 자리에 있지 않았다. 때는 거의 정오였다.

"영원에 상처를 내지 않고 시간을 죽일 수는 없다"는 말이 있다. 하지만 그 말이 사실인지는 모르겠다. 왜냐하면 나의 경우, 어거스틴 신부님을 기다리는 동안 시간을 죽이려고 예배당에 들렀다가 영원이 완전히 달라져 버렸기 때문이다. 나는 기도서를 집어 들고 '십자가의 길' 14처를 방문하기로 했다. 1-11처는 잘 기억이 나지 않는다. 몸 풀기 동작 정도에 해당하는 서문이었던 것 같다.

12처에서 내게 일어난 일은 '공감각'이라는 단어로 설명할 수 있다. 공감각은 감각들의 연합, 하나의 자극이 또 하나의 감각에 자극을 일으키는 것이다. 12처는 "예수께서 십자가에서 돌아가시다"이다. 무릎을 꿇으라는 지시가 되어 있기에 나는 그렇게 했다. 바닥의 딱딱함이 느껴졌던 기억이 난다. 그때 근처에 있는 수도원에서 정오에 치는 삼종 종소리가 아득히 들려왔다. 그리고 나는 종이에 적힌 다음의 글을 읽었다.

십자가에 달리신 예수를 보라! 당신을 사랑하시기 때문에 받으신 그분의 상처를 보라! 그분의 외관 전체가 사랑의 징조다. 그분은 당신에게 입 맞추기 위해 고개를 숙이시고, 당신을 안기 위해 팔을 펴시고, 당신을 받아들이기 위해 마음을 여신다. 아, 넘치는 사랑이여, 사람을 살리고 영원한 죽음에서 구하기 위해서 하나님의 아들 예수께서 십자가에서 죽으셨도다!

리처드

그 다음에 내가 아는 것은, 오후 3시가 좀 지나 있었다는 것뿐이다. 그 세 시간 동안 도대체 무슨 일이 일어난 것일까? 그래도 내가 해병인데, 군인은 그런 식으로 세 시간을 그냥 송두리째 잃어버리지 않는다. 그런데 그런 일이 일어났다. 내가 아는 것은 다른 영역, 참으로 아름다운 영역에 가 있었다는 것뿐이다. 종교학자 미르체아 엘리아데는 그 영역을 '황금 세계'라고 불렀다. 그 이상 적합한 표현이 없다고 생각한다.

세 시간 동안 나는 '미지의 땅'에 가 있었다. 그곳은 바로 예수 그리스도의 심장, 조건 없는 사랑의 장소였다. 그 영토를 그저 경험하기만 한 것으로도 충분했을 텐데, 그 다음에 '더'가 찾아왔다. 예수님이 내 이름을 부르신 것이다. 오늘날까지도 나는 아무에게도 내가 들은 것을 이야기하지 않았다. 그것은 '리처드'도 '리치'도 아닌, 오직 예수님만이 아는 내 이름이었다.

그것은 마치 파도가 휘젓고, 봄 폭풍이 닥쳐오고, 댐이 터지는 일이 동시에 일어나는 것 같은 경험이었다. 선지자 이사야처럼, 나는 완전히 해체되어 버렸다. "남자는 우는 게 아니야"라는 말을 평생 들어 온 어린아이가 그 순간 주체할 수 없이 흐느끼는 남자가 되었다. 그토록 큰 선물—예수님이 나를 위해 십자가에서 돌아가시고 내 이름을 부르셨다는 사실!—에 내가 할 수 있는 반응은 그것밖에 없는 것 같았다. 가톨릭교회의 십자가가 마침내 살과 피를 입게 되었다. 그 황금의 순간에 나는, 하나님이 나를 사랑하실 뿐 아니라 좋아하신다는, 기쁨의 신학의 파도에 잇따라 두들겨 맞았다. 오래전에 우리가 하나님의 시계를 영원히 감아버렸다는 확신을 나는 받았다. 내가 그 '더'를 찾았다기보다 그 '더'가 나를 찾았다. 기독교는 어떤 도덕 규칙이 아니라 연애였고, 나는 그것을 직접 경험했다.

그 세 시간 동안의 친밀감이 나를 진 빠지게 했다. 나는 비틀거리며 일어나서 간신히 방으로 돌아가 짐을 다시 풀고 곧바로 잠자리에 들었다. 그날 이후로 모든 것이 달라졌다. 당시에는 이 구절이 익숙하지 않았는데 그 후로는, 그리고 오늘날까지도 나는 이 구절을 주장하고 그것에 의해서 살고자 한다.

오직 그리스도만이 모든 것이며, 모든 것 안에 계십니다.

골로새서 3:11(새번역)

예배당에서 그 경험이 있고 나서, 나는 두 발로 하나님의 품에 뛰어들었다. 나는 성 프란체스코 신학교에서 철학 전공, 라틴어 부전공으로 학부를 졸업했고, 워싱턴 D.C.에서 영적 형성 프로그램에 푹 빠져 1년을 보냈고, 그 후 4년을 신학교에서 고급 신학을 연구했다. 그리고 '더'를 찾기 시작한 지 7년 만인 1963년

5월 18일 토요일에 나는 사제 서품을 받았다. 놀랍게도 아버지와 어머니가 뜻밖의 친절함을 발휘했다. 가족과 친구들을 위해 버스를 대절해서 사제 서품 예배에 참석하기 위해 펜실베이니아의 앨투나에 있는 성당으로 왔다. 다음날 아침 5월 19일 일요일에, 나는 내 유년기의 교구였던 '천사들의 모후' 성당에서 첫 미사를 집전했다.

사제 서품을 받고 찍은 사진은 '가장 귀여운 아기' 사진과는 대조를 이룬다. 이 사진을 볼 때는 아무런 수치심이 없다. 깊고도 지속적인 기쁨만 느껴진다. 나는 그 기쁨을 '행복들'(happies)이라고 불렀다.

프란체스코회에서는 엄숙하게 서약을 하고 나면, 자기 이름을 성인의 이름으로 바꾸어야 한다는 규칙이 있다. 그리스도 예수 안에서 새 사람을 입었다는 외적인 상징이있다. 한 공동체 안에서 같은 이름을 가진 사람이 있어서는 안 되었다. 다시 말해서 존이 두 사람이라거나 마이클이 두 사람이어서는 안 되었다. 1963년 이전에 나를 아는 사람들에게 나는 리처드 혹은 리치였다. 그러나 그 후로 내 이름은 브레넌이었다.

"사제 서품을 받고 찍은 사진은 '가장 귀여운 아기' 사진과는 대조를 이룬다. 이 사진을 볼 때는 아무런 수치심이 없다. 깊고도 지속적인 기쁨만 느껴진다. 나는 그 기쁨을 '행복들'(happies)이라고 불렀다."

1963년 5월 18일 사제 서품을 받던 날

"형제로서 우리의 관계는 종종 적대적이었지만, 형은 나한테 그래도 투지가 좀 있다는 것을 보여 주는 증인이었다. 내게는 그러한 존재가 필요했다. 때로는 내가 사라질 것만 같은 생각에 사로잡혔기 때문이다."

엄마, 아빠 나 그리고 형 롭

"언제나 구한 대로 얻는 건 아니지만, 내게 주어진 것이 내가 얻은 것이다. 에이미는 역경을 딛고 일어선 생존자였고, 에밋은 계속해서 무언가를 찾아다니는 사람이었다. 그 두 사람이 내 숲에서 가장 높은 나무가 되었다. 바로 어머니와 아버지다."

아버지, 나 그리고 어머니. 펜실베이니아 로레토에 있는 신학교 근처에서

제2부

브레넌

9

'이게 다일 리가 없어요.' 이 문장이 계속해서 내 머릿속에서 떠나지를 않았다. 프란체스코회의 경우도 그랬다. 내가 애초에 그들에게 끌린 이유는 철저하게 단순한 그들의 삶 때문이었다. 그러나 교황은 그 수도회가 좀 더 교육적인 외양을 갖췄으면 했고, 그래서 고등교육, 즉 대학이 강조되었다. 그러한 변화 때문에 그들은 어쩔 수 없이 옷에서부터 타자기에 이르기까지 모든 것이 필요한 상황이 되었다. 내 생각에 그것은 중산층으로 기우는 행위였고, 나로서는 달갑지 않은 변화였다.

1966년에 나는 예수의 작은 형제회(Little Brothers of Jesus)에 합류하기 위해서 프란체스코회로부터 휴가를 얻고자 했다. 그 형제회는 형제들이 함께 기도하는 법을 배우고, 복음의 조명을 받아 각자가 하나님이 자신의 인생에서 의도하시는 길을 찾으려고 스스로에게 가차 없이 질문을 던지는 곳이었다. 기도문을 노래하고, 성찬을 축하하고, 거룩한 독서(렉치오 디비나)를 하고, 침묵의 시간을 가지고, 노동하고, 돌보고 하는 리듬의 삶이었다. 어떤 사람에게는 그것이 또 하나의 유토피아적 사회에 대한 시도로 보일지 모르지만, 형제들 자신에게는 예수 그리스도 안에서 그러한 꿈이 실현 가능하다는 것을 보여 주는 실천적 선언이었다.

내 지역 담당자(교구 사제에게는 주교에 해당하는)가 내 요청을 거절했다. 심지어 그는 내가 프란체스코회를 떠날 생각을 한다는 것 자체에 대해서 화를 냈다. 그러나 내가 군대에서 한 가지 배운 것이 있다면, 배짱만 있으면 언제나 그 윗선에 자신의 처지를 호소할 수 있다는 것이었다. 그래서 나는 내 담당자의 머리를 넘어서 로마에 있는 사역 담당자에게 편지를 썼다. 그의 답변은 이랬다. "이것이 당신의 삶에 대한 하나님의 부르심이라면 존중하겠습니다. 그러나 1년을 기다리십시오." 그래서 나는 다음 12개월을 로레토의 프란체스코회 신학교에서 영적 지도자로 가르치고 섬기며 조바심 가운데서 보냈다. 그 1년이 채워지자 내 인생 여정의 다음 단계로 발을 내디뎠다.

예수의 작은 형제회를 세웠고 1858년에서 1916년까지 살았던 샤를 드 푸코(Charles de Foucauld)를 언급하지 않고 그 수도회에 대해서 말한다는 것은 태만일 것이다. 푸코는 28세에 나와 상당히 비슷한 경험을 했다. 하나님이 그의 감각을 뚫고 들어와 그것을 사로잡으신 것이다. 그는 이렇게 말했다. "하나님이 계시다는 것을 믿게 된 순간, 오직 그분만을 위해서 사는 것 외에 다른 길은 없다는 것을 알았다."[10] 푸코는 성지 순례를 다녀왔고 43세에 사제 서품을 받았다.

요한복음에 따르면 예수님의 공적 사역은 3년에 불과했다. 푸코는 궁금해 했다. '나머지 30년간은 무엇을 하셨을까?' 그가 찾은 대답은 예수님이 육체노동과 기도로 그 시간을 보내셨다는 것이다. 푸코는 예수님의 모범에서 자신의 부르심을 발견하고 북아프리카의 가난한 무슬림들과 함께 살면서, 자신의 삶으로 복음을 전하기로 했다. 푸코와 작은 형제회에게 사막에서의 삶은 세상으로부터의 도피가 아니라 인류애로 더 깊이 들어가기 위해 사랑과 기도를 배우는 학교였다. 그들의 목표는 입으로보다는 삶으로 복음을 외치는 것이었다.

12개월을 기다린 후에, 나는 마침내 작은 형제회에 들어갈 수 있는 허락을 받았다. 그래서 1967년에 가족과 친구들은 미국에서 바쁘게 사는 동안, 나는 프랑스의 생레미에 있는 작은 마을에서 6개월을 보냈다. 여러 면에서 해병대 시절을 연상시키는 그곳에서 나는 기본 훈련 프로그램에 돌입했다. 형제회는 거기에서 내가 보내는 시간을 '입후보'의 시간으로 보았다. 나도 그들을 살피고 그들도 나를 살피며 서로가 맞는지를 보는 시간이었던 것이다.

그해 겨울에 나는 근처 농장으로 거름을 나르고 지역 식당에서 설거지를 하며 보냈다. 순간순간이 즐거웠다. 상담을 할 학생도 없었고 꾸려야 할 회의도 없었으며 채점해야 할 시험지도 없었다. 모든 것이 기본적이고 최소한이고 공기는 너무 신선했다. 저녁 시간은 성찬 예배와 성경 묵상을 위한 침묵의 시간이었다. 우리는 사제복을 입고 세속과 격리되어 살지 않고 평상복을 입고 아주 가난한 사람들 사이에서 묵상을 하며 섞여 살았고, 말보다는 우정으로 의사소통을 했다. 우리는 보통 예수님을 찾을 수 없는 곳에 예수님을 놓고자 했다. 그리고 본질적인 것과 비본질적인 것을 분리시키는 법을 배웠다. 고독의 낙원이 아니라 정화의 장소였다. 우리는 T. S. 엘리엇(Eliot)의 기도대로 살았다. "신경을 쓰도록 그리고 신경을 쓰지 않도록 가르쳐 주십시오." 내가 가장 좋아하는 책은 카를로 카레토의 『사막에서 온 편지』(*Letters from the Desert*)다. 그는 작은 형제회의 각 사람이 받아들인 부름을 잘 요약해 놓았다. 매우 개인적으로 들리는 내용인데, 그 이유는 실제로도 그렇기 때문이다.

모든 것을 두고 나와 함께 사막으로 들어가자. 내가 원하는 것은 너의 행동이나 행위가 아니다. 나는 너의 기도, 너의 사랑을 원한다.[11]

내가 속한 작은 형제회의 그룹은 여섯 명의 남자로 구성되어 있었다. 프랑스인 두 명, 독일인 한 명, 스페인인 한 명, 슬라브인 한 명, 그리고 나. 우리는 곧 스페인의 사라고사(Zaragoza) 사막에 있는 작은 마을 팔레테로 갔다. 그곳에서 우리는 1년간 영적 형성의 기간을 보냈다. 수사 수련 기간으로 알려진 그 시간은 공식적으로 형제회의 일원이 되기 전에 가지는 훈련과 준비의 시간이었다.

돌이켜 보면 그 시간은 교감의 시간이었다. 가난과 힘든 노동과 시골 농부의 불안한 삶을 공유하고, 새로운 아기가 태어나는 기쁨과, 새롭게 결혼한 사람들의 즐거움과, 정직한 노동과 땀과 차가운 맥주의 작은 기쁨들을 함께 누렸던 시절이다. 거기에서 내가 맡은 주된 임무는 석공 보조였는데, 닭장 만드는 사람에게 붙이는 직함치고 다소 거창한 직함이었다. 닭장을 짓기 위해 밭에서 수백 개의 돌을 나른 후 시멘트를 바르고 그 위에 돌을 한 줄 놓고 또 시멘트를 바르고 또 돌을 한 줄 놓고 하는 것이 그 일의 주된 과제였다. 그해 여름에는 기온이 43도까지 오르는 때가 많았는데, 나는 전혀 개의치 않았다. 내가 맡은 또 다른 책임은, 그리고 아마도 내 평생에 가장 즐거웠던 일은, 물을 나르는 일이었다. 그 마을에는 수도가 없어서 아침마다 나는 당나귀가 끄는 사륜 짐마차에 물탱크를 싣고 나갔다. 그리고 소중한 소유물인 물을 가지고 돌아왔다. 사람들에게 내가 인기가 있었다는 말로는 부족할 정도로 사람들의 반응은 폭발적이었다.

그토록 세속적인 분위기 속에서 내가 깨달은 것 하나는, 교회 안에서 일어나는 여러 뜨거운 신학적 이슈들이 사실은 뜨겁지도 신학적이지도 않다는 것이었다. 예수님이 요구하신 것은 더 많은 수사학이 아니라 개인적 부흥, 복음에 대한 충실함, 그리고 창의적인 행위였다. 닭장 짓는 법을 배우고 마을로 물을 끌어오는 일은 그러한 일에 상당한 유익이 되었다. 물론 그렇게 긍정적이지 않은 면도 있었다. 일단 임무를 터득하고 나면 하루가 길게 느껴졌고 좀이 쑤셨다. 내가 무척이나 사랑했던 그곳에서도 말이다.

파타고니아라는 기업의 아이콘이자 창립자인 이본 취나드(Yvon Chouinard)가 쓴 「파도가 칠 때는 서핑을」(*Let My People Go Surfing*)에서 읽은 내용이 기억난다. 그는 새로운 일을 시작하는 자신의 사업 리듬에 대해 이야기하면서, 기본적인 것을 배우고 나면 다른 것으로 옮겨 간다고 했다. 그는 그것을 80퍼센트 정도의 수준까지 잘하고 나면 100퍼센트가 되기 전에 옮겨 가는 것이라고 설명했다. 그 부분을 읽으면서 나는 생각했다. '내 인생을 아주 잘 설명해 주는군. 잘 배우고 그 다음에는 떠나라.' 누군가가 취나드에게 "왜?"라고 묻는다면 그는 나처럼 "뭔가가 더 있을 것이기 때문이다"라고 답하리라는 것이 내 직감이다.

작은 형제회에서는 예배당에서만 입는 복장이 있기는 했다. 짙은 회색에 '예수 자선'(Jesus Charity)을 상징하는 빨간색 하트에 십자가가 튀어나와 있는 모양이 수놓아진 옷이었다. 어느 날 저녁 그 옷을 입고 기도하고 있는데 내 인생 전체가 내 앞을 획 지나가는 게 보였다. 그것은 내가 꾸었던 꿈처럼 '제법'이지 않았다. 오히려 상당히 추했다. 내 인생이 교만으로, 그리고 사랑받고 인정받고 칭찬받고 용납받고자 하는 과도한 욕망으로 부패해 있는 것을 보았다. 나의 사막 교실 성적은 좋았지만, 내 동기를 벗겨 보니 그 안에는 완전히 자기중심적인 역겨움이 자리 잡고 있었다. 닭장 짓는 사람도 자기중심적이 될 수 있는가? 물 나르는 사람도 자기 자신에게 고착되어 있을 수 있는가? '그렇다!'는 답변이 내 안에서 길게 울려 퍼지면서 나를 낮아지게 했다. 사랑받고 싶어 하는 오랜 욕망이 그 추한 머리를 들었다. 그것을 넘어선 것 같다고 혹은 거기에서 벗어난 것 같다고 생각했는데, 그렇지 않았다.

나는 큰 충격을 받았다. 모든 것이 그리스도께 초점이 맞춰지지 않고 브레넌 중심적인 것처럼 느껴졌다. 내 인생이 낭비인 것 같았고, 그 생각이 들자 몸까지 아팠다. 오래전부터 들었던 음성인 '큰 인물은 못될 거예요'라는 소리를 듣자 나는 경건한 모양으로 기도하던 자세에서 벌떡 일어났다. 다소 극단적으로 들리고 뜬금없는 이야기처럼 들리겠지만, 내가 기억하는 바는 그렇다. 나는 살면서 몇 차례 아주 분명한 꿈을 꾸었고 그것에 대한 내 반응은 언제나 경솔했던 것 같다. 마치 극적인 꿈은 언제나 극적인 반응을 요구하기라도 하는 것처럼 말이다. 그래서 그 순간에 나는 영적인 자살을 감행하기로 결심했다. 하나님과 교회와 형제회로부터 스스로를 단절시키고 모든 것에 등을 돌리기로 한 것이다. 그렇게 하는 것 외에 다른 도리가 없는 것 같았다. 그런데 그때 누군가 내게 "안녕" 하고 인사를 해주었다.

두미니크 봐이욤 형제가 예배당에서 내가 나가는 것을 보고 무슨 일인지 물었다. 그래서 그에게 말했다. 나 자신의 동기에 대한 혐오감에 대해서 그리고 그 모든 것으로부터 떠나야겠다는 생각에 대해서 다 이야기했다. 그때 그는 아주 강력한 말을, 인생을 바꾸는 말을 했다. "인생에서 가장 큰 은혜를 받으려는 찰나에 있어요. 심령이 가난하다는 것의 의미를 발견하고 있는 거예요. 브레넌 형제, 괜찮지 않아도 괜찮아요."

내 즉각적인 반응은, '이 친구, 제정신이 아니군'이었다. 그런데 그가 팔복 가운데 첫 번째 복을 새 영어성경(NEB)번역으로 읽어 주었다.

자신이 가난하다는 것을 아는 사람은 얼마나 복된가.
하늘나라가 그들의 것이다.

자신이 구원을 받은 계기가 요한복음 3:16을 외쳐 대며 지옥불을 설교한 사람 덕분이었다고 말하는 사람들을 여럿 만났다. 그러나 내 경우는 달랐다. 내가 정말 기억할 만한 '잃어버렸다가 찾은' 순간 중 하나는 키 188센티미터의 '작은' 형제의 상냥하지만 예리한 초대와 마태복음 5:3을 통해서 왔다.

내가 쓴 「온유한 혁명가들」(Gentle Revolutionaries)—나중에 「어리석은 자는 복이 있나니」(The Importance of Being Foolish)라는 제목으로 재출간되었다—이라는 책과 「그대 주님 따르려거든」(The Signature of Jesus)이라는 책에서 도미니크 봐이욤 형제에 대해서 한 단락 쓴 적이 있다. 여기에서 다시 한 번 그 이야기를 반복하겠다. 그의 삶이 내 삶과 다른 많은 사람들의 삶을 변화시킨 것이 너무 고맙기 때문이다. 이 이야기는 내 좋은 친구에게 경의를 표하기도 하지만, 내 인생의 일관성 없음을 보여 주기도 한다. 나는 순간 영적 할복을 감행하겠다고 했다가도, 또 어느 순간에는 하나님의 길에 대해서 별 관심이 없는 것처럼 행동한다. 내가 어딘가에 "크래커에 얹은 치즈가 흘러서 떨어지는 일관성 없고 불안정한 제자들"이라고 쓴 것은 나에 대해서 한 말이었다.

∽

생레미에서 있었던 1969년의 어느 날―정확하게 말하면 새해 첫날이다―은 형제들에게나 내게 결코 잊지 못할 날이다.

우리는 공동 식탁에 둘러앉아서 일상적인 노동자의 탄식으로 대화를 시작했다. 낮은 급료, 긴 노동 시간, 위선적인 고용주들에 대해서 우울하게 이야기했다. 그러다가 우리는 순식간에 '내가 너보다 더 거룩하다'는 식의 불평으로 빠져들어 비교하고 판단하며, 우리가 이타적으로 섬기는, 맘몬을 사랑하는 고용주들 온 순수한 마음을 가진 예수의 작은 형제회와 비교가 되지 않는다는 말을 하고 있었다. 그런데 식탁 끝에 앉아 있던 도미니크 형제가 울기 시작했다.

"도미니크, 제발, 무슨 일이에요?"

그가 "*Ils ne comprennent pas*"라고 말했다. (번역하면, "저들은 모릅니다"이다.)

내 친구이자 멘토인 그는 우리가 이제 말로 비방한 사람들, 자기들은 침대에 느긋하게 누워서 사랑을 하고 와인을 마시면서 우리의 자비는 의식하지 못한다고 불평한 그 사람들에 대해서 한 말이었을까? 아니면 자신의 좌우에 앉은 형제들, 하나님 아버지 앞에서 우리의 철저한 가난을 그리고 우리가 쉽게 정죄하는 그들이, 사실은 우리의 동료임을 순간 잊어버린 그 형제들을 위해서 기도하는 것이었을까? 그로부터 수년 후에 내가 바라게 된 것은, 그의 눈물의 훈련이 우리 모두를 덮어 주는 것이었으면, 아바의 귀를 향해 흘러가는 은혜의 간청이었으면 하는 것이었다. "아버지 저들을 용서해 주십시오. *Ils ne comprennent pas.*"

나중에 도미니크는 자신이 치유 불가능한 암에 걸린 것을 알고 생레미를 떠나 가까운 가족과 친척들이 있는 파리로 옮겨 달라고 부탁했다. 그리고 그는 근처 공장에서 밤 11시부터 아침 7시까지 일하는 야간 경비를 시작했다. 그를 아는 사람들에게는 전혀 놀랍지 않은 행보였다. 도미니크는 교대 근무가 끝나고 아침마다 집으로 돌아가는 길에 자기 집 건너편에 있는 공원에 들렀다. 그곳은 사회에서 소위 '쓰레기' 취급을 받는 사람들, 술주정뱅이들과 젊은이에서부터 늙은이까지의 부랑자들과 인생의 패배자들이 잔뜩 모여 있는 지역이었다. 내 친구는 새로운 습관을 들여서 그들에게 다가가 사탕을 나누어 주며, 그들의 이야기를 듣고 언제나 좋은 소식을 남기고 그 자리를 떠났다. 내가 수 없이 들은 말이었다. "예수 그리스도는 당신을 너무나 사랑하십니다. 당신이 마땅히 되어야 하는 모습이 아니라, 지금 모습 그대로 사랑하십니다."

어느 날 아침 도미니크의 야간 근무는 끝이 났다. 친구들이 아파트 바닥에 쓰러져 있는 그를 발견한 것이다. 사망 원인은 심장마비로 판명되었다. 그러나 나는 그 반대의 원인으로 도미니크가 사망했다고 믿는다. 그의 사망 원인은 심장 양도다. 평생 자신의 마음을 다른 사람들에게 나누어 준 사람, 양도한 사람이 여기에 있다. 여기에서 따뜻한 말 한 마디, 저기에서 부드러운 손길 한 번, 언제나 끊이지 않는 격려. 도미니크의 일기 마지막 부분에는 이렇게 적혀 있었다.

하나님의 사랑이 아닌 것은 다 내게 아무런 의미가 없다. 예수 그리스도 안에 있는 하나님의 사랑 외에는 그 어느 것에도 나는 관심이 없다고 진실하게 말할 수 있다. 하나님이 원하신다면, 내 인생은 내 말과 증언을 통해 유용하게 쓰임 받을 것이다. 하나님이 원하신다면, 내 인생은 내 기도와 희생을 통해 열매를 맺을 것이다. 그러나 내 삶의 유용성은 하나님의 관심사이지 내 관심사가 아니다. 그것에 대해 내가 걱정하는 것은 부적절한 일일 것이다.

작은 형제회의 방식에 따라서 도미니크의 시신은 방부처리를 하지 않은 채 생레미로 이송되었다. 그리고 그의 시신은 양쪽 끝에 초를 켜놓은 탁자 위에 놓였다. 이 사람에게 경의와 존경을 표하기 위해 다녀간 사람의 수를 설명하면서, 내가 생각할 수 있는 가장 적합한 표현은 '큰 인파'다. 작은 형제회에 속한 두 사람이 나무로 간단하게 관을 짰고, 이 땅에서 입었던 도미니크의 몸이 땅에 묻혔다.

지금까지 여러 차례 내가 왜 도미니크 봐이윰의 친구가 되는 특권을 누렸을까 생각해 보았다. 어떻게 세상에 알려지지 않은 이 영웅을 통해 내 인생이 부드러워질 수 있었으며, 어떻게 초를 사이에 두고 누운 그의 시신 앞에 잠시 서서 그의 얼굴을 응시하는 수천 명 가운데 한 사람이 되는 특권을 누릴 수 있었을까. 나도 완벽하게는 모른다. 그러나 그가 내게 주었던 '괜찮지 않아도 괜찮다'는 메시지가 나중에 내 설교 사역에서 싹을 틔운 씨앗이 되었다는 것은 안다. 사실 그 말은 내가 40년이 넘게 쓰고 말한 모든 것의 근간이었다. 어떤 사람들은 "하나님은 당신이 마땅히 되어야 하는 모습이 아니라, 지금 모습 그대로 사랑하십니다"라는 말이 브레넌 매닝이라는 이름과 동의어라고 말할 것이다. 나는 그들이 옳다고, 그러나 그들이 알아야 하는 또 하나의 진실은, 그 말이 그것을 직접 경험한 어떤 사람의 삶을 통해서 내게 인상 깊게 남겨진 것이라고 말할 것이다. 그 정도는 알겠다. 그러나 그 이상은, *je ne comprends pas*, 나도 모르겠다.

10

유럽에서 예수의 작은 형제회와 거의 2년의 시간을 보내고 나자, 나의 내적 저항은 감당하기 힘들게 커졌다. 내 '80퍼센트'에 도달했고, '더'를 위해서 떠날 때가 온 것이다. 나는 내 결정에 대해 설명하려고 작은 형제회에 편지를 썼다. 그 당시 지도자였던 르네 빠쥐는 관대한 사람이었다. 그는 내 편지에 감동을 받았다며 마르세유에 있는 본부로 나를 초대했다. 그리고 그는 수련 기간 동안 나와 가장 친했던 친구 네 명도 같이 초대했다. 우리는 함께 일주일간 기도와 분별의 시간을 가지며 그리스도 안에서 내 향후 인생길을 보여 달라고 하나님께 구했다. 칠 일째에 우리는 만장일치의 답에 도달했다. '내 인생에서 사역은 필수적인 영역이 될 것인데, 작은 형제회에 머묾으로써 그것을 도외시하면 결코 내 자신이 되지 못하는 위험을 초래할 것이다.' 오늘날까지도 나는 그런 결정을 내릴 수 있는 사람들에게 둘러싸여 있었다는 사실이 참으로 감사하다. 군대에 가거나 신학교에 가는 것처럼 내가 내린 다른 큰 결정들과는 달리, 이 결정은 근거가 있는 느낌이었고, 근거가 있는 것들은 조금은 더 안전하기 마련이다.

나는 오하이오에 있는 슈토이벤빌 프란체스코회 대학으로 보내졌다. 그곳에서 나는 캠퍼스 사역자가 되었고 정말로 환상적인 사역의 시즌으로 들어섰다. 나의 우선적 책임은 전례, 기도 모임, 그리고 주말 리트릿을 꾸리는 것이었다. 당시는 가톨릭교회 안에 일어난 은사주의 갱신에 선도적 역할을 했던 꾸르실료 운동(Cursillo Movement)이 정점에 달한 때였다. 꾸르실료, 즉 '단기 과정'은 사람들로 하여금, 자신이 평상시 속해 있는 환경으로부터 떠나게 한 후 그리스도께서 최상의 방법인 우정으로 우리를 사랑하신다는 최상의 소식을 전하는 것이었다. 이 운동은 지금도 계속되고 있는데, 보통 목요일에서부터 일요일까지 진행되는 리트릿으로서, 가톨릭 기독교의 본질에 대한 강연과 성찬으로 일정이 채워진다. 나는 정기적으로 주말마다 다섯 명의 학생들을 그곳으로 데리고 가거나 보내거나 했다.

꾸르실료에서 내가 가장 좋아하는 부분은 모임에 참석하는 이 프로그램의 전문가들이 스페인어로 '팔랑카'(*palanca*)라고 하는 것을 시행하는 부분이다. 이 말은 '레버를 당겨서 힘을 풀어 주다'라는 뜻인데, 여기에서 당기게 되는 레버는 기도다. 이 사람들은 꾸르실료에 참석하는 사람들을 위해서, 당사자들은 모르는 채, 사흘간 금식하고 기도한다. 나흘째 되는 날, 그 모든 사실이 드러나고 모두가 하나가 된다. 각 참가자가 그리스도의 사랑으로 힘을 얻고 다시 자기 인생으로 돌아가는 마무리 시간은 매우 감동적이다. 꾸르실료의 궁극적 목적은 하나님과의 살아 있는 연합이다. 내가 예수의 작은 형제회와 같이 남아 있었다면, 이 '더'라고 하는 것에, 형제들뿐 아니라 자매들 사이에서도 일어난 이 부흥에 참여할 기회를 놓쳤을 것이다.

캠퍼스에 있던 몇 명의 프란체스코회 사람들이 내가 유럽에서 작은 형제회와 함께했던 삶에 관심을 가졌다. 내가 닭장과 도미니크 형제에 대해서 이야기하자 그들은 완전히 몰입해서 들었다. 그러나 내 이야기를 들은 대부분의 사람들은 프란체스코회를 떠날 생각이 없었다. 작은 형제회처럼 사는 것이 주말에 한번 해보기에는 재미있을지 몰라도 아예 그렇게 사는 것은 아무래도 버거웠던 것이다.

슈토이벤빌에서 캠퍼스 사역을 하며 2년을 보낸 후 작은 형제회와 비슷한 삶의 리듬을 따르는 실험적 공동체를 미국에서 해보지 않겠느냐는 제안을 받았다. 많은 사람들에게 그것은 다소 위험한 제안처럼 들렸지만, 내게는 그것이 먹어도 없어지지 않는 아이스크림을 얻는 일처럼 들렸다. 약 서른 명 정도의 남자들이 그 실험에 지원했고 그중 여섯 명이 선택되었다. 그 여섯 명 중 한 명이 나였고 내가 지도자로 임명을 받았다. 우리는 이곳 미국에서 작은 형제회처럼 살 수 있는 장소를 찾아 나섰다.

우리 마음대로 하게 내버려 두었다면 결정을 하기가 무척 힘들었을 것이다. 미국에서 우리의 실험을 통해 유익을 얻을 수 있는 곳이 너무 많은 것 같았다. 그러나 어떤 신비한 은혜의 작용으로, 우리는 앨라배마 주 모빌에 있는 존 메이(John May) 주교로부터 연락을 받았다. 그는 우리가 장소를 물색하고 있는 것을 알고 그곳에 허리케인 카밀 때문에 버려진 소년원이 있다면서, 관심 있으면 가져도 된다고 했다. 우리는 그곳을 보려고 내려갔고 우리가 있어야 할 곳이 그곳임을 곧바로 알 수 있었다. 주 건물은 모임을 가지고 식사할 수 있을 정도로 컸고, 부속 건물이 바로 옆에 있어서 아쉬운 부분을 해결할 수 있었다. 게다가 그곳이 바유라바트레에 위치해 있어서 물과 가까웠다. 새우잡이 배가 있는 곳에서 불과 1.6킬로미터 정도밖에 떨어져 있지 않았다. 우리 중에서 가장 실용적인 사람이었던 루크 형제가 말했다. "이 정도면 가능하겠는걸." 따라서 필요한 승인을 받은 후 실험적인 작은 형제회는 '가능한 곳'이라고 우리가 부르게 된 그곳으로 이사를 갔다. 우리는 개조하는 데에 쓸 돈이 충분했기 때문에 곧바로 그 큰 임무에 착수했다. 건물 내부와 외부를 전부 다시 칠했고, 바닥과 천장과 벽을 다시 수리했다. 그리고 7개월 후 모든 준비가 끝났다.

예수의 작은 형제회를 따라서 모든 일을 하기로 했기 때문에 우리는 나가서 일자리를 찾아 사람들 틈에서 함께 일해야 했다. 감사하게도 첫 일자리를 빨리 찾을 수 있었다. 우리는 새우잡이 배에서 일했다.

배가 출항하지 않는 날에는 가정집 페인트칠에서부터 철물점 점원에 이르기까지 우리가 찾을 수 있는 일은 무엇이든 했다. 이 모험을 시작할 때 메이 주교의 첫 질문은 "거기에서 무엇을 할 계획이냐?"였다. 그러나 시간이 좀 지나고 나자 그 질문은 하나의 진술로, 의뢰로 바뀌었다. "브레넌, 그 사람들에게 의미가 있게만 하면 되네."

우리는 일요일 예배를 놓고 교구 교회와 경쟁할 마음이 없었다. 그래서 우리는 그 집에서 금요일 밤에 성찬과 함께 축하의 시간을 갖고 이어서 와인과 치즈 파티를 갖기로 했다. 새우잡이 배에서 일하는 사람은 누구나 올 수 있게 했다. 우리의 예배는 처음부터 정통에서 다소 벗어나 있었다. 우선 30분 정도 노래를 부르는 것으로 시작했다. 대부분 웨스턴 수도원의 수사들이 부르는 노래였다. 뒤이어 메시지나 설교가 이어졌다. 강연에 은사가 있는 거스 고든이 나와 함께 설교를 맡았다. 환대의 은사가 넘치는 루크 형제는 진행되는 내내 다른 모든 필요가 해결이 되었는지 확인했다.

개조 단계에서 우리가 가장 먼저 구입한 것 중 하나는 커다란 상판의 탁자였다. 그것이 우리의 제단이 되었고, 성찬의 중심이 되었다. 지금도 그 탁자 앞에 포도주와 빵을 들고 서서 '이게 맞는 거야'라고 생각했던 기억이 난다.

우리는 그 집의 벽을 해양 모티브로 장식해서 사람들이 자기 집처럼 느낄 수 있게 했고, 순식간에 우리도 그곳을 집처럼 여기게 되었다. 2년 동안 금요일 밤에 참석한 사람의 수는 2백 명이 넘었다. 다들 교회에 안 나간 지 오래된 사람들이었다. 어떤 사람들은 우리가 하는 일을 '서민 미사'(the folk Mass)라고도 불렀다. 평범하고 아름다운 사람들과 함께 그리고 그들 가운데서 우리가 살고 있었기에, 나는 그러한 명칭에 아무런 문제를 느끼지 않았다. 사실은 아주 좋아했다.

그러다가 우리의 사역이 중단되는 일이 일어났다. 2년 후에 펜실베이니아에 있는 프란체스코회 공동체가 우리의 실험을 실패로 본 것이다. 나는 그 이상의 설명을 듣지 못했다. 공식 회심

자의 수가 더 많았더라면 어땠을지 모르겠다. 어쨌거나 요점은 그 이유를 알지 못한다는 것이다. 내가 아는 것은 우리의 행동이 그리스도께로 사람들을 데리고 가는 것이 아니라 사람들에게로 그리스도를 데리고 간다는 작은 형제회의 정신에 기초했다는 것 밖에 없다. 따라서 우리에게 후회는 없었다. 우리 공동체가 해산된 후 거스가 내게 말했다. "브레넌, 그것은 내 인생에서 가장 풍요로운 경험이었네." 나는 눈물이 그렁그렁한 그 친구의 눈을 들여다보며 동감했다. "거스, 내게는 가장 행복한 경험이었어."

11

여기까지 내 이야기는 사건이 순차적으로 일어나는 느슨한 연대기순을 따랐다. 하지만 이후의 나머지 부분에서는 시간이 순환할 것이고 심지어 겹치기도 할 것이다. 잘 나가던 일도 순식간에 틀어지는 것을 보면 참 이상하다. 하지만 그렇게 될 수 있다. 이어지는 글은 나의 알코올 중독과 관련해서 아주 어두웠던 날들을 다루고 있다. 사실 그것에 대해서 어떻게 이야기해야 할지조차 잘 모르겠다. 그 이유는 내가 느끼는 수치심 때문이기도 하고, 그동안 알코올이 내 정신에 미친 영향 때문이기도 하다.

그 병명은 베르니케 코르사코프 증후군(wernicke-korsakoff syndrome)이다. 나는 그것을 '수종뇌'라고 알고 있다. 영양 부족의 식습관으로 인한 티아민 결핍증과 관련이 있는 질병이다. 다시 말해서, 음식을 알코올로 대체했다는 뜻이다. 시간이 지나면서 이 결핍증은 심각한 뇌세포의 죽음을 유발한다. 이 질병의 명백한 징후 중 하나는 정신적 혼란인데, 일어나지 않은 일을 일어났다고 주장하기까지 한다. 그러니 이 시절에 대해서 내가 말하는 것을 왜 망설이는지 이해가 될 것이다.

∽

바유라바트레에서의 실험은 내게 연장된 여름 방학과도 같았다. 그런데 여름 방학이 끝나면 어떻게 하는가? 다시 강의실로 돌아가야 한다. 나 역시 그렇게 했다. 그래서 플로리다 주 포트 로더데일에 있는 브로워드 대학의 캠퍼스 사역자가 되었다. 브로워드 대학에서는 내가 상상했던 것 이상을 경험한 날도 있었고, 내가 감당할 수 있는 것 이상을 경험한 날도 있었다. 극도로 외로운 시절이었다. 대학생들과의 관계는 즐거웠다. 사실 그 나이대의 학생들과는 늘 관계를 잘 맺었던 것 같다. 그러나 나는 동년배들과 긴밀하게 연결되어 함께 목가적인 경험을 한 바유라바트레에서 이제 막 나왔고, 갑자기 그 모든 것이 사라져 버린 상태였다.

지금 생각해 보면, 브로워드 대학의 학생들은 당시 내 생활을 잘 반영해 주었다. 어떤 학생들은 좋은 성적으로 시험에 통과하고, 상을 받고, 칭송을 받았다. 브로워드 대학에서 나도 그렇게 행복의 절정에 달한 것 같은 날을 경험하기도 했다. 어떤 교수들은 내가 그 학교에 있어서 좋다고 직접 말로 확인해 주었고, 나는 학교 행정부가 내게 베푸는 호의도 즐겼다. 그러나 캠퍼스에서 어떤 학생들은 그저 간신히 해나가고 있었다. 간신히 시험에 통과하고, 수업도 가능한 많이 빠지고, 요구되는 최소한의 것만 했다. 나는 그렇게 하는 법도 알고 있었다. 내게 요구되는 것이 무엇인지, 어느 정도까지만 하면 그냥 넘어갈 수 있는지를 파악했다. "기도하고 있었다"는 말이 어떤 때는 사실이었지만, 어떤 때는 내 게으름을 가리기 위한 영적 가면이었다.

그 다음에는 단순히 힘겨워 하는 정도가 아니라 졸업 후의 진로 전체가 위태로울 정도로 실패하는 학생들도 있었다. 그들은 제때에 졸업하지 못하거나 아예 졸업을 못하기도 했고 그래서 가까운 사람들에게 실망을 안겨 주었지만, 그것보다 더 중요한 것은 자기 자신을 폄하하고 너무도 완고해서 도움을 청하지 않는다는 것이었다. 처음 브로워드 대학에 갔을 때는 그렇지 않았는데, 나도 곧 그 지경까지 이르게 되었다. 캠퍼스에서 내게 요구되는 일들을 하고 나서도 시간이 많이 남았지만 내게는 지을 닭장도, 수선할 새우잡이 그물도, 페인트칠을 할 집도 없었다. 그저 나하고 과거에 내 불안을 달래 준 그것, 술이 있을 뿐이었다. 우리는 종종 자신에게 익숙한 것으로 돌아간다. 그런데 그것

브레넌

이 늘 좋은 것은 아니다.

∽

포트 로더데일에서 보낸 1년 반 정도의 시간 동안, 나는 다시 술을 마시기 시작했다. 사실 내가 술을 완전히 끊은 적은 없었다. 친구들과 함께 맥주를 마시거나 식사 때 와인을 함께 곁들이는 것은 내게 흔한 일이었다. 그러나 플로리다에서 다시 시작된 것은 내가 열여섯 살이었을 때, 내 별명이 깔때기였을 때 시작된 습관을 연상시키는 것이었다. 아마도 여러분은 왜, 혹은 어떻게 이런 일이 일어날 수 있는지 궁금해 할 것이다. 트라피스트회 수사 토머스 키팅(Thomas Keating)은 이렇게 말했다. "예수님이 지라고 한 십자가는 당신 자신이다. 그것은 과거에 당신이 자신에게 가한 모든 상처와 다른 사람에게 가한 모든 상처다." 니는 그것이 사실이라고 믿는다. 갑자기 내 십자가가 너무 무겁게 느껴져서 나는 질 수가 없었다. 도무지 질 수가 없었다.

비록 내가 알코올 중독에 대해서 늘 공개적으로 말을 하는 것 같은 인상을 주기는 했지만, 사실은 내가 독자나 청중에게 공개하고 싶은 것 이상은 결코 말하지 않았다. 내 이야기의 그 부분에 대해서만큼은 결코 전부 다 말할 수 없을 것이다. 그러나 가능하면 여기에서 그 일부를 마치 배경막만 살짝 보여 주듯 더러 보여 줄 수 있기를 바란다. 미약한 시도처럼 느껴지지만, 내 인생에 어떠한 빛이 있었든 그 이면에는 늘 두터운 어둠이 있었음을 말해 주는 것이리라. 한참 마시던 그 시절에 내가 얼마나 마셨는지를 보여 주는 도표를 만들어 볼까도 생각했지만, 너무 냉랭하고 임상적일 것 같았다. 게다가 참 인생은 도표가 아니라 이야기다. 그래서 여러분이 감을 잡을 수 있을 만큼 말해 주는 이야기를 여기에 소개한다.

브로워드 대학에 있은 지 1년 반이 지났을 때, 내 음주 문제는 통제를 벗어나 버렸다. 우선은 일요일에서부터 수요일까지 술을 마시기 시작했다. 주말에 맨 정신으로 돌아올 수 있는 시간이 충분한 스케줄이었다. 주말에는 종종 교회로 강연 초청을 받는데 술에 취한 채로 나타나서 그 사역에 먹칠을 하고 싶지는 않았다. 그것이 얼마나 철저한 위선이었는지 나도 안다.

그러나 시간이 지나면서 내 경계는 느슨해졌고 일주일 내내 하루도 빠짐없이 술을 마시게 되었다. 그리고 1975년, 41세의 나이에 나는 미네소타 주 센터 시티에 있는 헤즐든 재활원에 환자로 입원하게 되었다. 내가 어떻게, 왜 그곳에 가게 되었는지 자세한 내용은 다 기억하지 못한다. 그러나 그곳에 도착한 **이후**에는 어떤 일이 있었는지 기억한다.

이 이야기는 내 책 「한없이 부어 주시고 끝없이 품어 주시는 하나님의 은혜」(*The Ragamuffin Gospel*)에서도 고백했다. 알코올 의존증 환자 25명으로 구성된 우리 그룹의 일원이었던 맥스라는 사람과 헤즐든의 고위 신부였던 숀 머피 오코너라는 사람에 대한 이야기다. 회복을 위한 공식 과정 중 하나로서 각 사람은 차례대로 주목받는 자리에 앉아야 했다. 오코너와 그 그룹의 다른 사람들로부터 집중 질문을 받는 자리에 앉는 것이다. 개인의 문제의 뿌리에 다가가는 데에 필요한 과정이었지만, 모두에게 무척이나 아픈 경험이었다.

오코너가 맥스에게 그의 음주 습관과 그가 어떻게 자신의 태도를 합리화하는지에 대해서 무자비하게 질문을 던졌다. 마침내 맥스는 지쳐서, 침대 옆 스탠드에서부터 욕실 수납장과 여행용 가방에 이르기까지 곳곳에 보드카와 진을 숨겼다고 시인했다. 그러나 맥스는 시인을 한 후에 형제의 눈에 있는 티와 자기 눈에 있는 들보에 대한 성경구절을 인용했다. 의기양양해 하는 그의 자신감은 불쾌하기 짝이 없었다. 오코너는 맥스의 친구들과 가족에게까지 전화를 해서 맥스의 음주에 대해서 물으며 더 추궁했지만 맥스는 자신의 음주 태도를 계속해서 정당화했고, 나중에는 화를 내며 벌떡 일어나 오코너를 향해 욕설을 퍼붓기까지 했다.

마침내 맥스는 자기 자녀에게 모질게 대한 적이 있느냐는 질문을 받았다. 오코너는 맥스의 아내를 불렀고, 맥스의 아내는 맥스가 친구들과 술을 마시러 어딘가에 들어가면서 영하의 온도에 딸을 차에다 두고 갔던 날 밤의 이야기를 했다. 그의 딸은 귀와 손가락에 심한 동상이 걸려서 엄지손가락을 절단해야 했고 영구적으로 청력을 상실했다. 결국 맥스는 거짓말과 속임수의 바닥을 치고는 털썩 엎드려 흐느끼기 시작했다. 오코너가 말했다. "여기서 나가게.……거짓말쟁이들을 돕겠다고 이 재활원을 운영하는 게 아니야."

그런데 이 이야기에서 내가 한 번도 고백하지 않은 것이 있다. 당시에 내가 맥스를 얼마나 시기했는가 하는 것이다. 설명을 해보겠다. 맥스는 그 경험을 통해서 바늘귀를 통과해 들어갔고 다른 사람이 되어 반대편으로 나왔다. 그의 행실이 거의 하룻밤 사이에 달라졌고, 나는 진심으로 그가 하나님을 발견했다고 믿는다. 나도 오코너와 함께 그 자리에 앉는 시간을 가졌고, 그는 자신의 모든 기술을 동원해서 사랑으로 나를 깨려고 그 지점까지 끌고 갔다. 그러나 나는 깨지지 않았다. 비록 글로는 그것을 칭송했으나 정작 나 자신은 그러한 엄한 사랑의 접근 방식을 결코 받아들이지 않았다. 자신에게 그것이 가해지지 않을 때 무언가를 찬성하기란 쉽다.

헤즐든에서 지내던 어느 날, 나도 그 방 한가운데에 엎드려 발작적으로 흐느끼며 나의 음주와 거짓말을 인정했다고 말할 수 있다면 정말 좋겠다. 그러나 그런 일은 결코 일어나지 않았다. 맥스는 깨졌고, 변화되어 그 치료 센터를 떠났다. 나는 '만만치 않은 사람'으로 알려진 채 그 센터를 떠났다. 그곳을 떠날 때 나는 술을 끊고 말끔해졌지만, 정직과는 거리가 멀었다.

∼

헤즐든에 있을 때, 교육과정 중에 동료에 대해 평가하는 것이 있었다. 헤즐든에 의하면, 이 평가의 목적은 다음과 같다.

> 자신의 부정직한 영역, 방어기제, 성격적 결함 등 스스로를 더 구체적으로 볼 수 있도록 동료들을 돕기 위한 과정이다. 대면하기 위해서는 용기가 필요하다. 과거에 우리는 모두 정직을 다른 사람의 인정과 맞비꾸었다. 그러나 만약 우리가 동료들을 아낀다면, 그리고 그들도 우리에 대해 정직하기를 바란다면, 그들에 대한 우리의 그림을 그들에게 제시할 것이다. 우리의 질병은 생명을 위협하는 것이다. 회복하려면 위험을 감수해야 하고, 우리 자신에 대해서 배워야 하고, 변화를 일으켜야 한다.

우리가 채워야 했던 동료 평가지의 예는 다음과 같다. 대단한 것은 아니지만, 사태가 정말로 얼마나 나빠질 수 있는지를 보여 주는 예시로서 일종의 기념으로 간직했다.

A. 당신의 회복에 장애가 되는 다음의 것들이 당신에게서 나타나는 것을 봅니다. (해당되는 진술에 동그라미를 치시오)

  1. 내가 보기에 당신은 재촉하지 않으면 그룹에 참여하지 않습니다.

  2. 내가 듣기에 당신은 공동체 안에서 모든 사람의 문제를 수습하려 듭니다.

  3. 내가 보기에 당신은 자신이 특별대우를 받아야 마땅하다고 느낍니다.

  4. 내가 듣기에 당신은 같은 소속단위에 있는 다른 환자에게 얕보는 투로 말합니다.

  5. 내가 보기에 당신은 모든 것을 부인하려 듭니다(최소화, 설명, 정당화).

  6. 내가 보기에 당신은 분노 안으로 숨습니다.

  7. 내가 보기에 당신은 치료를 받을 때 '베테랑'처럼 굽니다.

  8. 내가 보기에 당신은 상담자 노릇을 합니다.

  9. 내가 보기에 당신은 자가 조절을 합니다.

  10. 내가 보기에 당신은 자신의 소속단위를 관리하려고 합니다.

  11. 내가 보기에 당신은 자신의 중독을 받아들이지 않습니다.

12. 내가 듣기에 당신은 자신의 중독에 대해서 자랑합니다(전쟁 이야기들).

13. 내가 듣기에 당신은 그룹 안에서와 공동체 안에서 서로 다르게 말합니다.

B. 당신이 자신의 질병을 다루는 것을 회피하기 위해서 다음의 전환전략을 쓰는 것이 보입니다. (해당되는 진술에 동그라미를 치시오)

1. 텔레비전 보기, 카드놀이나 게임하기 등
2. 치료를 제외한 모든 것에 정신 팔려 있기
3. 자기 연민 사용하기('불쌍한 나' 정신)
4. 낭만적 사랑에 빠지거나 연애 걸기 등
5. 신체적 문제에 사로잡혀서 그것에 대해 이야기하기
6. 사람들을 만족시키려 들기
7. 진짜 감정을 감추기 위해 유머나 농담 사용하기
8. 홀로 있기(고립)

나를 위해서 이 양식을 기입한 헤즐든의 동료들 중에서 모든 사람이 21개의 항목에 모두 동그라미를 쳤다. 나는 끔찍하게 완벽한 점수를 받은 것이다. 하긴 거의 10년 동안 끊임없이 그러한 방식으로 살았는데, 무엇이든 자꾸 하다 보면 잘하게 된다고 하지 않던가.

헤즐든에서 보낸 시간에 대해서 이야기하는 것을 나는 별로 좋아하지 않는다. 내 인생에서 가장 도전적인 경험 중 하나였고, 과연 내게 그것을 직면할 힘이 있을까 확신하지 못하는 때도 많았다. 그러나 비록 불완전하게나마 나는 직면했다. 나는 몽상가였지만, 어머니처럼 생존자이기도 했다. 하겠다고 마음먹으면 이를 악물고 해낼 수 있었다. 어머니는 멍든 10여 년의 세월을 뒤로하고 자신에게 필요한 교육을 받고 성공하기 위해서 열심히 일했다. 나도 같은 접근법을 따라서 은혜라고 하는 내 인생의 메시지를 본격적으로 쓰기 시작했다. 어머니는 또한 자신의 멍든 10년 이후에 결혼 상대를 찾았다. 어머니처럼 나도, 결혼 상대를 찾았다.

12

내가 수많은 후회를 안고 산다는 것을 이제 당신은 분명히 눈치챘을 것이다. 그러나 나의 가장 큰 후회는 결혼생활을 어떻게 해야 하는지 몰랐다는 것이다. 내 인생에서 그 시절을 생각하면, 지금도 예민한 상처를 건드리는 것 같은 느낌이다. 그 시절에 대해서는 글로 쓴 적이 없다. 수양회 강연이나 책에서 이야기할 만한 것이 아니었기 때문이다. 하지만 이제는 써 보겠다.

알다시피 나는 아일랜드계 가톨릭 가정에서 자랐다. 부모님과 겪은 여러 어려움에도 불구하고, 사제가 되겠다는 나의 결정은 큰 인정을 받았다. 우리 가정에서 그것은 수평 이동이 아니라 수직적 도약이었다. 그에 따라 나에 대한 부모님의 평가도 좋아졌다. 그런데 프란체스코회의 서약으로 맹세를 한 나는 유효한 결혼 계약을 할 수가 없었다. 이 서약을 어떤 식으로든 어기는 것은 심각한 죄였다. 자유롭게 내린 선택이 나를 구속했던 것이다.

헤즐든에서 나와서 강연을 다니기 시작하면서 나의 별은 뜨기 시작했다. 당시에 자신의 알코올 중독에 대해 말하고 이어서 하나님의 조건 없는 사랑에 대해 말하는 신부는 드물었다. 그래서 갈수록 강연 요청이 늘어났다. 그러한 요청으로 했던 강연 중 하나가 루이지애나 주 모건 시티 주말 리트릿에서 했던 강연이다.

모건 시티의 표어는 '모든 곳의 중심'이었다. 그 당시에는 그 표어가 그곳에서의 내 경험과 얼마나 잘 맞는지 알 길이 없었다. 그러나 지금은 안다. 그곳에서 나는 로즐린을 처음 만났다. 내 인생의 모든 것과 모든 곳의 중심에서 말이다. 나는 40대 조반이었고 깨끗해진 기분에 희망적이었다. 무슨 일이든 일어날 것만 같은 시기였다.

내가 강연을 했던 리트릿은 대체로 정해진 구조를 따랐다. 공식 강연이 있고 나면, 참가자들에게는 짧은 목회 상담을 받을 수 있는 기회가 주어졌다. 사람들은 나와 잠시 이야기를 나누기 위해서 줄을 섰다.

로즐린은 자신에게 배당된 시간을 다음과 같은 말로 시작했다. "내가 왜 여기에 있는지 모르겠어요. 사실은 아무 문제가 없는데 말이에요." 하지만 나는 곧 그녀가 나만큼이나 엉망진창이라는 것을 알게 되었다.

나는 로즐린에게 뉴올리언스에서 모이는 기도 모임의 이름을 소개해 주었다. 그녀에게 좋은 그룹일 것 같았고, 그녀를 지지하고 인도해 줄 수 있는 그룹이라는 느낌이 들었다. 그 기도 모임의 일원들을 몇 명 알았는데, 나는 그들을 신뢰했고 시간이 되면 그들을 만나곤 했다. 그 무렵 나는 평소에 늘 마음에 들어 하던 뉴올리언스로 이전해 있었다.

로즐린과 함께 보낸 그 15분 혹은 20분 동안 나는 그녀가 두 딸을 둔 싱글 엄마이고, 아버지는 침례교 교인이며 어머니는 가톨릭 교인인 집안에서 자랐다는 것을 알게 되었다. 그리고 무척이나 사랑하는 두 살 위인 오빠 마이클이 있었는데, 1969년에 라오스에서 야간 임무로 비행을 나갔다가 사망했다는 것도 알게 되었다. 이해할 만한 일이지만 그녀는 그 비극을 결코 극복하지 못했다.

짧게 대화를 나누고는 그것이 전부였다. 로즐린은 나가고 다음 사람이 와서 앉았다. 그 다음 사람이 유명한 야구선수 행크 애런(Hank Aaron)이나 심지어 제럴드 포드(Gerald Ford) 대통령이었다고 해도 나는 알아채지 못했을 것이다. 내 머릿속에는 온통 1962년도 미스 샌안토니오 대회에서 2위 입상을 한 여성, 로즐린으로 더 잘 알려져 있는 그 여성의 맵시 있는 몸매에 대한 생각뿐이었다.

뉴올리언스로 돌아와서 로즐린은 정기적으로 모이는 그 기도 모임에 참석했다. 그녀는 내 친구들을 만났고, 그들은 그녀를 만났다. 1년 정도 후에 로즐린은 가재 요리를 준비해서 그 기도 모임 사람들을 자기 집으로 초대했다. 그리고 나도 기억하고 초대했다. 다시 그녀를 볼 수 있을지도 모른다는 생각에 그 기도 모임을 로즐린에게 추천했을 가능성도 있다. 내가 그 정도의 수를 발휘할 사람이라고는 정말로 생각하지 않지만 가능성은 있다. 로즐린의 은사 중 하나가 환대다. 로즐린은 손님을 초대한 집주인 노릇을 제대로 할 줄 알았고, 그래서 그날 밤은 정말 즐거웠다. 내가 제안했는지 아니면 그녀가 요청했는지 몰라도, 식사 후 나는 그녀가 정리하는 것을 거들면서 차고로 물건들을 날랐다. 그때 그 자리에서 신부와 여인은 키스하는 상황에 놓이게 되었다. 우리가 그것을 좋아하지 않은 것은 아니다. 좋아했다고 나는 생각한다. 나는 분명 좋아했다. 그러나 결코 계획한 일은 아니었다. 나는 일부러 '키스했다'는 표현 대신에 '키스하는 상황'이라고 했다. 그 첫 키스는 우리가 모든 것의 중심에 있는 것 같은 느낌을 경험하게 했다. 나는 죽을 것같이 두려웠다.

그 후로 나는 시내에 갈 때면 로즐린에게 전화를 했다. 그러면 로즐린은 점심시간에 나를 태우러 왔고, 이내 우리의 만남은 뉴올리언스의 습도처럼 예측 가능한 일이 되어 버렸다. 우리는 대형 샌드위치를 사서 폰차트레인 호숫가에서 점심을 먹고 내가 늘 '뽀뽀 얼굴과 안고 어르기'라고 즐겨 부르던 놀이를 했다. '평온한'이라는 단어는 목가적으로 행복하고 평화로웠던 과거의 시간을 의미한다. 폰차트레인 호수로 종종 도주했던 그때를 나는 평온했던 시절이라고 기억한다.

그렇게 정오에 만나던 어느 날 우리는 그 말을, 그렇다, 그 말을 했다. "사랑해요." 독신인 신부가 하기에는 어리석은 말인가? 그럴지도 모른다. 그러나 에라스무스(Erasmus)는 말했다.

> 인류의 대부분의 사람들은 어리석다.······그런데 우정은 대부분 동등한 사람들 사이에서만 맺어진다.

그 시절에 로즐린과 나는 전화 통화를 많이 했다. 전화선이 긴 다이얼식 전화기였다. 또한 우리는 내 스케줄에 따라서 가능한 자주 만났다. 나는 기본적으로 풀타임으로 강연을 나갔고 거의 항상 이동을 했기 때문에 우리는 두 달에서 석 달에 한 번씩 밖에는 만나지 못했다. 우리의 관계는 거의 7년 동안 그런 식으로 유지가 되었다. 그러던 어느 날 로즐린이 내게 말했다. "더 이상 만나고 싶지 않아요."

그로부터 여러 해가 지나서야 로즐린은 처음 우리가 관계를 시작할 때, 자기 자신과 사제직 사이에서 선택하라고 내게 요청하는 일은 하지 않겠다고 스스로와 약속했다고 말해 주었다. 로즐린은 그 약속을 지켰다. 결코 그런 요청을 하지 않았다. 그러나 그 누구에게라도 7년이라는 시간은 하나님보다 못한 취급을 받으며 사랑하는 사람과 떨어져 살기에는 너무도 긴 시간이다.

하지만 내가 뭘 어떻게 할 수 있겠는가? 나는 독신을 서약한 프란체스코회의 신부였다. 로즐린은 싱글 엄마였다. 우리는 사랑에 빠져 있었다. 우리의 삶이 로저스와 해머스타인의 음악이 곁들여진 뮤지컬 영화라면 어떻게든 되었을지도 모른다. 영화 '사운드 오브 뮤직'에 나오는 노래처럼 그저 우리가 좋아하는 몇 가지 것들, 예를 들어 대형 샌드위치와 뉴올리언스와 같은 것들에 대해 노래하면서 기분이 좋아졌을 수도 있다. 그러나 우리의 사랑 이야기는 고전적인 금지된 사랑 이야기였다. 어떤 식으로든 죽음에 의해서만 해결되는 그런 사랑 말이다.

우리는 두 달 정도 서로 아무런 연락도 하지 않기로 했다. 그 시간이 지난 후에, 만나서 이야기하자고 했다. 그 두 달은 내게 지옥과도 같았다. 로즐린이 몇 년 동안 어떤 심정으로 살았는지 그때 확실히 맛보았다고 생각한다. 다시 만났을 때, 나는 로즐린에게 내 결정을 말해 주었다. 잠시 사역을 쉬고 우리 관계에 대해 분별의 시간을 가지겠다고 했다. 사실 분별이라는 말은 '최상의 합'을 찾는 과정이라는 뜻이다. 나는 1년 동안 떠나서 합이 맞는 삶이 무엇인지 찾아보기로 했다.

그래서 나는 다시 한 번 수도원 벽 안으로 들어갔다. 비록 나와 같은 공식적 환경은 아니지만 로즐린은 자신도 올바른 일이 무엇인지 찾으며 그 시간을 보내겠다고 나를 확신시켰다. 분별이니 뭐니 하는 것이 대단히 영적으로 들리지만, 사실 그 기간은 내 인생에서 가장 길고 가장 가슴 아픈 시간이었다.

1966년 3월 12일자 「새터데이 이브닝 포스트」(*Saturday Evening Post*)에 '나는 신부입니다. 나는 결혼하고 싶습니다'라는 제목의 기사가, 스티븐 J. 내쉬 신부라는 이름으로 실렸다. 가명으로 쓴 이 기사는 신부들이 독신으로 지내는 관습에 대해 질문을 던지고 있었다. 이 기사에 대한 대중의 반응은 반가움과 분노의 혼합이었다. 게다가 진짜 저자가 누구인지 자신을 드러내라는 요구가 빗발쳤다. 결국 제임스 카바노라고 하는 용감한 젊은 신부가 나섰고, 곧 그는 그 기사에 뿌린 씨를 토대로 「현대의 신부가 바라본 구식 교회」(*A Modern Priest Looks at His Outdated Church*)라는 책을 썼다.

내용을 약간만 이야기하면 다음과 같다. 약 4년 전에 교황 요한 23세가 주도한 연설 덕에 3천여 명의 주교들이 로마에 모여서 "스테인드글라스 창문을 열고 신선한 공기를 좀 들이기로" 했다. 바티칸 제2차 공의회로도 알려진 회합이었다. 그때 일어난 변화는 혁명적이었다. 평신도가 자신의 언어로 미사를 드릴 수 있게 했고, 신부가 제단 대신에 회중을 바라볼 수 있게 했다. 일반 사람들에게 더 많은 힘을 실어 주고 관중을 참여자로, 관찰자를 축하자로 바꾸고자 하는 움직임이었다. 많은 사람들이, 어떤 사람들은 처음으로, 스스로 생각하고 무엇이든 질문하고 사상을 가지고 씨름하고, 혹은 내가 즐겨 쓰는 표현대로 "생각을 확장하는" 자유를 경험했다. 결혼한 신부의 문제도 그러한 생각의 확장 이슈 중 하나였지만, 바티칸은 그것을 지나친 적용 사례로 여겼다.

그래서 1967년 10월, 신예 신학자들이 모인 노트르담 대학 강의실에서 카바노는 강의를 마무리하며 신부복 칼라를 떼어 내고 신부 자리를 사임한다고 공개적으로 선언했다. 그것은 충격적인 행동으로써 가톨릭계는 가만히 있을 수 없었다. 일주일 후 노트르담 대학동창회는 대중의 '열광적인 환영'을 가라앉히기 위해서 「뉴욕타임스」(New York Times)에 전면 광고를 실었다. 그러자 카바노의 책을 출간한 출판사가 그에게 반박 광고를 반 페이지 지면에 할 수 있게 해주었다. 그는 그 제안을 받아들여 다음과 같이 썼다.

> 나는 제도 교회의 지배층이 개혁을 하지 않으려는 것에 대한 개인적 반발로 가톨릭 사제의 자리를 내놓습니다.……내가 대변하는 기관이 이혼한 사람과 재혼한 사람을 성찬에서 끊어 낼 수 있고, 피임의 문제에서 자신의 실수를 인정하지 않을 수 있고, 신부들이 결혼할 수 있게 해달라는 청원을 무시할 수 있고, 그리스도의 원칙을 두려움과 죄책감의 도구로 계속해서 축소시킬 수 있는 한, 나는 더 이상 신부복 칼라를 달고 다닐 수 없고 '신부'라는 호칭을 받아들일 수 없습니다.……수많은 사람들의 비명은 듣지 않고 약간의 상징적 변화만 허용하는 권력 구조와 나 자신이 계속 동일시되는 것을 용납할 수 없습니다.¹²

그의 책에서 카바노는 좀 더 자세히 설명했다.

> 독신이 말이 안 되는 제도이고 마땅히 섬겨야 하는 기독교의 사랑 자체를 가리기 때문에 사제직을 떠난다면, 나는 변절자이자 배신자가 될 것이고, 집을 잃은 사람이 될 것이다. 나는 여전히 신부이겠지만, 가족과 친구들로부터 떨어져 나간 비참하고 외로

운 신부일 것이다. 내가 결혼을 하게 된다면 부모님은 내가 택한 아내를 무시하도록 요청받을 것이다.……그분들은 자신을 자랑스럽고 행복하게 한 아들을 거절할 것이다. 지금도 여전히 그렇게 하고 싶은 아들을 말이다. 그분들은 돌아서서 자신의 모든 고통을 하나님께 쏟아놓을 것이다. 그분들은 남의 눈을 피해 교회로 들어갈 것이고, 사제와 마주치는 것을 피할 것이고, 자신들의 수치심을 들추는 것 같은 대화는 모두 두려워할 것이다. 그러면서 나를 위한 수고의 어디 즈음에서 자신들이 실패한 것일까 궁금해 할 것이다.[13]

때는 1981년이었고, 나는 47세의 신부였고, 나도 결혼하고 싶었다. 그래서 로즐린과 떨어져서 12개월을 보낸 후에, 분별의 시간을 가진 후에, 나는 결정을 해야 했다. 내가 이전에 한 서약은 결혼을 죄로 규정했다. 그 사실에 대한 주의는 진작부터 받았다. 그러나 그 12개월 동안에 공식적인 사제직은 더 이상 맞지 않는다는 것이 분명해졌다. 이제는 결혼을 하지 **않는** 것이 더 큰 죄였다. 프란체스코회의 친구 중에서 몇몇이 내게 평신도화시켜 주거나 평신도의 지위를 달라고 요청해 보라고 했다. 이것은 교회의 공식 직함으로서, 그 의미는 성직을 박탈당하고, 사제의 기능과 특권을 가져가는 것을 뜻했다. 나의 경우, 이러한 지위를 취한다는 것은 다음의 세 가지 조건에 동의한다는 것을 의미했다.

1. 나는 사제로 부름을 받은 적이 없습니다.
2. 나는 소명을 잃었습니다.
3. 나는 유혹을 받았습니다.

내가 이 조건에 동의했다면, 교회와 등지지 않고 그 안에 남아 있으면서 계속해서 설교와 가르침의 사역을 했을 가능성도 조금은 있다. 그러나 그 조건들은 사실이 아니었다. 나를 속이지 않고서는 거기에 결코 동의할 수가 없었다.

분별이라는 단어의 또 다른 의미는 '잘라내는 것'이다. 새로운 인생에 합하기 위해서는 그냥 평신도화 되는 것만으로는 안 된다는 것을 깨달았다. 사실이 아닌 조건에 나는 동의할 수 없었고, 그렇다면 내가 원하는 지점에 도달하기 위해서는, 즉 결혼을 하기 위해서는 신부라는 내 소명을 은유적으로 잘라내야 했다.

또한 만일 네 오른손이 너로 실족하게 하거든 찍어 내버리라. 네 백체 중 하나가 없어지고 온몸이 지옥에 던져지지 않는 것이 유익하니라.

마태복음 5:30

13

1982년 부활 주일에 로즐린에게 전화를 해서 내 결정을 말해 주었다. 결혼을 하지 **않는** 것이 더 큰 죄이고, 결혼을 하지 않는 것은 하나님이 내게 주신 그녀라는 선물을 거절하는 것이라고 말했다. 그리고 나는 전화상으로 물었다. 나와 결혼해 주겠냐고. 로즐린은 "예, 브레넌, 그럴게요"라고 대답했다. 지금도 그 대답이 내 뇌리에 남아 있다. 아름다운 말이었다. 나의 오랜 꿈은 누군가가 다가와서 "난 네가 좋아. 같이 놀아도 돼?"라고 말하는 것이었다. 로즐린의 대답도 같은 맥락이었다. "나는 당신이 좋아요. 우리 같이 늙어 가요." 로즐린의 대답은 내 '행복들'의 연장이었다. 우리가 아는 모든 사람이 우리를 위해서 그 정도로 기뻐해 주었으면 좋으련만, 실은 그렇지가 않았다.

∼

당시에 나는 2년간의 강연 일정이 꽉 차 있었는데, 2백 개 이상의 강연 초청을 받아들인 상태였다. 그러나 내 공식 사임 편지가 대주교의 관할 구에 도착하자 모든 강연 일정이 취소되었다. 나는 뉴올리언스에 있는 가톨릭 교구에서 더 이상 환영받지 못했다. 당시에 로즐린은 뉴올리언스에 있는 교회 중 하나에 고용되어 종교 교육 프로그램 일을 하고 있었는데, 해고되기 전에 사임을 했다. 이 모든 일이 하룻밤 사이에 일어난 것은 아니지만, 느낌은 그랬다. 정서적 시간은 때로 압축된다. 우리는 이제 변절자이자 배신자였고, 대부분의 가족과 많은 친구들로부터 떨어져 나온, 집 없는 커플이었다.

그로부터 6개월 후, 둘이 합해서 만 달러도 채 가지지 못한 채로 우리는 결혼했다. 친구 집에서 조촐하게 올린 결혼식이었고, 믿을 수 있는 동료인 프랜시스 맥너트(Francis MacNutt) 박사가 주례를 해주었다. 내가 알기로, 이 책에 실린 사진들이 남아 있는 결혼사진의 전부다. 로즐린의 어머니는 전적으로 지지해 주셨다. 나를 두 팔 벌려 환영해 준 아름다운 여인이었다. 그러나 그 자리에 참석하지 않은 친구들도 있었다. 그들은 차마 양심의 거리낌 없이 우리의 결합을 인정할 수는 없었던 것이다. 그들

뿐만이 아니었다.

제임스 카바노는 신부인 아들이 결혼하기로 결정할 때 그 가족이 감당해야 하는 수치심의 무게에 대해 이야기했다. 내 가족의 경우도 마찬가지였다. 부모님과 여동생은 결혼식에 참석하지 않았다. 차마 감당할 수 없었던 것이다. 나는 한편으로 그것을 이해할 수 없었지만, 지금은 그것을 이해할 수 있는 면도 생겼다. 그들은 내가 신예 학생에서 군인으로, 군인에서 신학생으로, 신학생에서 신부가 되는 것을 지켜보았다. 나는 정점에 도달해 있었는데 이제 그것을 다 내팽개치고 있었던 것이다. 그러나 내가 결코 잊지 못할 것은, 대담하게도 형이 기차를 타고 결혼식 며칠 후에 나타나 우리를 놀라게 한 일이다. 그 행동은 내게 많은 것을 말해 주었다. 그런 식으로 롭이 지지를 해준 것을 나는 결코 잊지 못할 것이다. 그는 언제나 그렇게 터프했다.

수년간의 독신생활 끝에 이제 나는 결혼한 몸이 되었다. 나는 하나님이 우리의 결혼을 인정해 주신다고 진심으로 느꼈다. 분별의 과정은 나로 하여금 "로즐린, 우리는 함께 있어야 해"라고 말할 수 있게 도와주었다. 왜냐하면 하나님이 "브레넌, 너희는 함께 있어야 해"라고 말씀하셨기 때문이다. 쉬울 것이라고 생각하지는 않았지만 옳은 것이라고 생각했다. 남편이 되는 것 외에도 내게는 두 명의 의붓딸이 생겼다. 시몬은 초등학교 6학년이었고, 니콜은 고등학교 1학년이었다. 나는 신부 브레넌 매닝에서 아버지 브레넌 매닝이 되었다. 성인기의 대부분을 나는 주로 남자들, 사제와 형제들 가까이에서 지냈다. 이제 나는 세 명의 여성과 한 지붕 아래에서 살게 되었다. 이런 게 아찔하다는 것이구나 싶었다. 나는 무엇을 어떻게 해야 하는지 전혀 감이 없었다. 늙은 개한테는 새로운 놀이를 가르칠 수 없다는 말도 있지만, 중년의 사제에게 새로운 기술을 가르친다는 것은 정말이지 무척이나 도전이 되는 일이다. 누구든 나를 지켜보았다면 내가 기본적으로 늘 하던 일을 계속하고 있는 것을 보았을 것이다. 읽고, 기도하고, 일일 미사를 드리고, 글 쓰고 하는 일들을 이제는 여러 사람이 있는 가운데서 할 뿐이었다.

앞에서 말했듯, 나는 가톨릭 교단에서 해고되었고 꽉 차 있던 강연 일정이 갑자기 비어 버렸다. 결혼하고 1년이 지나자, 로즐린과 나는 은행에 천 달러밖에 남지 않았고, 딸들의 학비를 내야 할 때가 다가오고 있었다. 나는 어떻게 해야 할지 몰랐고, 수치심과 죄책감의 음성이 마구 올라왔다. 가족을 부양하고 싶다는 욕망이 좌절되었다. 내가 종종 사용했던 '가차 없는 신뢰'라는 말의 실제적 의미를 나는 그때 배웠다. 말하기는 쉬워도 살아 내기는 힘든 말이 그 말이다. 그러나 은혜는 종종 태어나지 않은 아기처럼 잉태되어 있다는 것을 나는 인생에서 배웠다. 그리고 예정일을 기다리는 엄마가 병원에 갈 채비가 된 가방을 들고 "가자!"라고 외치면 가는 수밖에 없다.

   1983년 봄에, 나는 몬태나 주 빌링스에 있는 한 사람으로부터 전화를 받았다. 그는 내게 와서 일련의 강연을 할 생각이 있느냐고 물었다. 그는 녹음된 내 강연을 몇 개 들어 보았다고 했다. 별로 체계적인 것 같아 보이지는 않았지만 어느 정도 수입이 약속되는 일이었기에 나는 동의했다. 그는 지역 신문에 광고를 했고 하나님의 성회(Assembly of God) 목사가 그 행사를 주관하도록 설득했다. 첫째 날 내 강연을 들은 사람은 거의 천 명에 달했다. 둘째 날에는 천2백 명이 모였다. 마지막 날 밤이 되자 모인 인원은 천5백 명에 육박했다. 그 목사가 말했다. "브레넌, 당신네 가톨릭 신자들은 돈을 달라고 하는 방법을 모르니까 내가 대신 호소를 해줄게요." 복음을 전하는 사람들을 후원하는 것에 대한 그의 말은 매우 성경적이었다. 매우 감동받고 또 인정받은 느낌이 들었던 기억이 난다. 헌금이 있었고 나는 만5천 달러짜리 수표를 들고 뉴올리언스로 돌아갔다. 로즐린에게 그 수표를 건네주자, 그녀는 놀란 나머지 잠시 자리에 앉아야 했다.

   3주 후에 나는 로키산맥 지역에 있는 영 라이프(Young Life)

의 책임자인 밥 크룰리쉬(Bob Krulish)로부터 전화를 받았다. 밥은 1968년에 내가 아직 신부로 있을 때 산호세에 있는 갈보리 교회에서 내 강연을 들었는데, 그때 무언가 자기 마음에 드는 것을 보고 들었던 모양이다. 그는 콜로라도스프링스에 있는 글렌에리에서 주말에 있을 예정인 직원 및 지도자 훈련에 와서 강연을 해줄 수 있느냐고 물었다. 이번에는 만5천 달러짜리 수표를 가지고 돌아오지는 않았지만, 그럭저럭 괜찮았다. 그때부터 영라이프의 지도자와 직원들에게 강연하고 사역하는 오랜 관계가 시작되었다.

그로부터 일주일 후에 나는 마이클 야코넬리(Michael Yaconelli)라고 하는 사람으로부터 전화를 받았다. 마이클은 청소년 전문 기관(Youth Specialties)의 배후에 있는 핵심 인물이었다. 그는 수양회 강사를 섭외했는데 그쪽에서 취소하게 되었다고, 나더러 대신 와서 강의를 해줄 수 있느냐고 물었다. 나는 그러겠다고 했다. 이번에도 강사료는 빌링스에서만 못했지만, 내가 거기에서 보낸 시간은 풍성함 그 이상이었고 그 경험으로 '아름다운 죄인' 마이클 야코넬리와의 길고도 악명 높은 우정이 시작되었다.

그 세 통의 전화 통화가 내 강연 사역을 재탄생시켰고, 그 일은 그렇게 차례대로 하나씩 일어났다. 그 기회들은 전도자로서 내 깊은 부르심에 대한 확인이었고, 당시에 내게 절실하게 필요했던 한 방의 주사와도 같은 격려였다. 그것은 또한 로즐린에게도 상당한 확신을 주는 일이었다. 경제적인 의미에서 그런 것은 당연했지만, 그것보다 하나님이 우리를 버리지 않으셨다는 의미의 차원이 더 컸다. 맞다, 악한 세대가 계속해서 표적을 구한다. 그러나 이따금씩 주어지는, 하나님이 승인하셨다는 구체적인 표적은, 공과금을 내게 해주는 것은 물론이고 한동안 지속되는 용기를 북돋워 준 것은 분명하다.

14

내가 로즐린과 함께한 삶에서 일어난 세 개의 작은 일들을 나누고 싶다. 하나는 좋은 일이고, 다른 하나는 그다지 좋지 않은 일이고, 또 다른 하나는 추한 일이다. 정착한 후 우리는 초기 단계의 신혼 시절을 보냈고, 그러다가 서서히 거리가 생기기 시작했다. 앞에서 나는 내 인생에서 가장 큰 후회가 결혼생활을 어떻게 하는 것인지 모르는 것이었다고 했다. 그것은 사실이지만, 노력했다는 점에 대해서는 결코 후회하지 않는다.

좋았던 일은 이렇다.

나는 새로운 삶이 무척 즐거웠다. 정말로 그랬다. 내가 선택한 삶이었고, 그 삶의 많은 부분이 좋았다. 아주 좋았다. 당시에 우리는 뉴올리언스에 있는 멋진 집에서 살았는데, 손님 접대를 하기에 아주 좋은 집이었고, 실제로 우리는 손님을 자주 초대했다. 그 집은 로즐린의 어머니가 사는 집과 가까이 있었다. 앞에서 말했듯 로즐린은 완벽한 안주인이었다. 짧은 예고에도 어떻게 손님을 맞이할지를 알았다. 내가 종종 그 '짧은' 예고 밖에는 하지 않는다는 것을 로즐린이 곧 알았기에 그런 재능은 유익했다. 나는 계속해서 즉석에서 사람들을 집으로 초대했다. 방문하라고, 미사를 드리자고, 혹은 같이 식사를 하자고 했다. 나는 말소리와 음식 냄새가 가득한 집의 느낌이 너무 좋았다. 어쩌면 앨라배마에서 내가 보냈던 시절이 이어지는 것 같아서였는지도 모른다. 이 사람이 혹은 저 사람이 누구인지 로즐린이 전혀 모르는 경우도 적지 않았다. 때로는 나도 몰랐다. 우리 집은 집 이상이었다. 사람들이 안전하게 둘러앉을 수 있는 장소, 벽난로와도 같은 장소였다. 그리고 꽃이 있었다. 언제나 꽃이 있었다. 로즐린은 철쭉과 페튜니아와 베고니아와 노란 국화를 집 주변에 잘 배치했고, 그래서 심지어 땅까지도 사람들을 반갑게 맞이하는 자비로운 초대였다.

의붓딸들에게 나의 아버지 역할에 대해서 묻는다면, 그 아이들은 웃을 것이다. 나도 마찬가지일 것이다. 그러나 그 아이들은 우리 결혼생활에서 확실히 '좋은' 부분이었다. 일일 미사에서 집주인을 축복할 줄은 알아도 두 명의 십대 소녀들에게는 어떻게 해야 하는지 나는 전혀 아는 바가 없었다. 그 아이들은 자비롭게도 나를 받아 주고 나와 함께 자기 어머니를 공유해 주었다. 그 아이들에게도 '좋은'이라는 항목에 넣을 수 있는 추억들이 있기를 바란다. 앞에서 수치심은 전환되지 않으면 전이된다는 리처드 로어의 말을 인용했는데, 나는 그것을 인식하고 있었고 그래서 과거의 그 죄를 반복하지 않기 위해서 딸들하고 무언가를 하려고 의식적으로 노력했다.

딸들의 삶에서 없는 것 중 하나가 생일을 둘러싸고 일어나는 축하의 분위기 같은 것이었다. 적어도 나는 그렇게 생각했다. 나는 딸들이 자신이 얼마나 특별한 존재인지를 알기 바랐다. 나도 내 생일에 그것을 경험한 적이 없었기 때문에, 딸들에게 그렇게 한 것은 사람들이 내게 해주었으면 하고 바라는 대로 내가 해주는 것의 변형이라고 하겠다. 우리의 축하는 생일 이전과 이후로까지 연장이 되었다. 우리는 새로운 전통을 만들었다. 로즐린을 포함해서 집안에서 생일을 맞은 여성은 뉴올리언스에 있는 식당 아무 데나 자신이 원하는 곳을 택할 수 있었고 그러면 우리는 잘 차려입고 가서 포크가 지나치게 많이 놓여 있는 비싼 식사를 했다. 나는 딸들에게 선물하는 것을 무척 좋아했는데, 돌이켜 보면 너무 많이 주었던 것 같기도 하다. 나는 돈을 좋아한 적이 없다. 개인적으로 돈은 내게 별로 중요하지 않았다. 그러나 내게 가장 가까운 사람들에게 선물을 잔뜩 사 줄 수 있다는 의미에서 돈이 주는 기쁨을 누렸다. 정말이지 그들의 사랑을 사려고 했던 것은 아니라고 생각한다. 그것보다는 오히려 내가 할 수 있는 방법으로 내 사랑을 표현하고 싶었다. 의붓딸들이 이 생일 전통을 자신이 꾸린 가정에서 자기 나름의 방식으로 계속 이어 가고 있다고 들었다. 그 생일 축하 잔치들은 내가 가장 즐거워하는 기억들 중 하나다.

'좋은' 것에 해당했던 다른 가족 일원 둘을 더 언급해야겠다. 그들은 우리 집 개 빙키와 맥스웰이었다. 빙키는 포메라니안이고 맥스웰은 요크셔 테리어였다. 나는 빙키와 친했다. 그 개들이 말썽을 피웠는데도 내가 훈육을 하지 않아서 로즐린과 딸들은 미치려고 했다. 하지만 나는 그 불쌍한 녀석들이 그저 은혜가 많이 필요할 뿐이라고 늘 생각했다. 텔레비전을 조금 보는 걸로 저녁 시간을 마무리할 때가 많았는데, 그럴 때면 늘 빙키가 내 오른편에 있었다. 정말이지, 개가 얼마나 가깝게 느껴질 수 있는지를 보면 참으로 놀랍다.

그다지 좋지 않았던 일은 다음과 같다.

뉴올리언스에 있는 우리 집에는 수영장이 있었는데, 나를 포함해서 모든 사람이 즐거워하는 우리 집의 일면이었다. 그러나 야외 수영장은 정기적으로 청소를 해야 한다. 그것은 성가신 일이었다. 하루는 로즐린이 그곳을 청소해 달라고 내게 부탁했다.

나는 노력했지만, 일솜씨가 조잡했다. 로즐린은 나중에 다시 부탁을 했지만 나는 이렇게 대답했다. "아니야, 하지 않을래. 그 일이 내 마음의 평안을 깨!" 정말로 그렇게 말했다. 나는 집 안으로 들어갔고, 결국 로즐린이 수영장을 청소했다. 이 한 가지 사건이 적절한 은유가 될 것이다. 로즐린과 나는 18년간 결혼생활을 했는데, 그중 대부분을 나는 강연하러 다니고 설교하고 글 쓰고 마음의 평안을 계발하는 동안 로즐린은 수영장 청소를 했다.

우리가 도움을 받을 수 있는 성격 관련 목록들이 많았는데, 남자나 여자 혹은 결혼한 부부들이 자신을 발견해 가는 여정을 돕기 위해서 고안된 도표와 질문들로 잘 구성된 것들이었다. 로즐린과 나는 애니어그램을 하면서 도움을 받았다. 애니어그램이 주술에 뿌리를 둔 것이어서 위험하다고 생각하는 사람들이 있다는 것을 안다. 하지만 나는 그런 평가에 동의하지 않는다. 애니어그램을 옹호한 사람 중에 가장 많이 알려진 사람이 아마도 리처드 로어일 것이다. 나는 그를 무척 존경하고 존중한다.

그 목록은 다음과 같다. 일련의 미묘하고 복합적인 질문들에 답을 하다 보면, 기본적인 성격 유형이 규명된다. 숫자 1에서 9에 상응하는 아홉 가지 유형이 있다. 로즐린은 1번 유형 '개혁가'인데, 목적 지향적이고 자기 통제적이다. 나는 4번 유형 '개인주의자'인데, 자기 함몰적이고 신경질적이다. 아홉 가지 유형들은 세 개의 중심들로 또 나뉜다. 본능(1, 8, 9번), 감정(2, 3, 4번), 사고 (5, 6, 7번). 그리고 나아가서 각 중심에 있는 지배적 감정에 따라 더 명확하게 성격이 드러난다. 분노/화(1, 8, 9번), 수치(2, 3, 4번), 그리고 불안(5, 6, 7번). 우리가 받은 결과에 기초해서 그 지배적 감정에 대한 간략한 설명 두 개를 나열하면 아래와 같다.

1번 유형은 화를 통제하거나 억압하려고 한다. 그들은 자신의 충동과 화를 언제나 반드시 통제하고 있어야 한다고 느낀다.

4번 유형은 자신이 얼마나 고유하고 특별한지에 초점을 맞춤으로써 수치심을 통제하려고 한다. 그들은 자신이 부적절한 존재라고 느껴지는 감정을 다루기 위해서 개인성과 창조성을 강조한다. 그리고 삶이 일상적인 일들을 다루지 않아도 되는 생기 넘치는 환상의 삶을 만들어 냄으로써 수치심을 관리한다.

1번과 4번 유형 사이의 관계 혹은 결혼은 마치 물과 기름 같다고 한다. 거기에다가 알코올까지 집어넣으면, 문제가 '생긴다면'이 아니라 언제 문제가 생기느냐 그리고 어떻게 그 환경을 헤쳐 나가느냐가 관건이 된다.

예를 들어, 이 애니어그램의 숫자의 관점에서 수영장의 경우

\ 모든 것이 은혜다

를 보자. 4번 유형인 나는 '브레넌 매닝의 탁월함'이 계발되고 그것이 가장 중요한 자리를 차지하는 내면의 평화가 방해를 받는다고 느꼈다. 수영장을 청소하는 것과 같은 너무도 일상적인 일 때문에 방해를 받는 것은 내 위대함에 대한 침해였다. 무척 교만한 생각이라는 것, 나도 안다. 그러나 나는 그렇게 느꼈다. 그것과 1번 유형의 로즐린을 짝지어 보라. 로즐린은 인류의 한 부분이 되기를 꺼리는 나에 대해서 좌절감을 느꼈다. 그러나 로즐린은 통제하고 싶었고, 따라서 화를 억누르고 그 에너지를 다른 방향으로 돌린 후, 그냥 가서 자신이 직접 청소했다. 나는 우리의 문제가 언제 생기고 어떻게 그 환경을 헤쳐 나가는지에 대해서 이야기했다. 수영장을 청소해야 하는 날은 겉으로는 날이 좋아도 속으로는 군데군데 구름이 끼고 폭풍이 올 수도 있었다. 애니어그램이 이 딜레마를 해결하게 도와준 것은 아니지만, 적어도 그것을 인식하게 해주고 그것을 이야기할 수 있는 언어를 주었다.

추한 일은 다음과 같다.

우리 가정이 단순한 가정 이상이라고 앞에서 말했다. 그곳은 따뜻하고 안전한 벽난로였다. 그리스어로 '에스차라'(eschara)는 '아궁이' 혹은 '벽난로'라는 뜻이다. 벽난로는 전통적으로 집 한 가운데에 있어서 대부분의 집안일은 그것을 축으로 돌아간다.

그곳으로 부모와 자녀들이 모인다. 그렇기 때문에 그곳에서 사고가 많이 일어나기도 했다. 벽난로의 개방적 구조 때문이다. 다시 말해서, 벽난로는 화상을 입을 수 있는 곳이다. 흉이 질 위험이 없는 벽난로는 없다.

그런데 흉터가 많아지면 정상적이지 못하고 건강하지 못한 흉터 피부가 되어 버린다. 손상된 피부 조직은 움직임이나 순환이나 감각 등의 기능이 제한된다. 손이나 팔이나 다리가 그렇게 된다면 또 모르겠는데, 마음에 그것이 반복해서 일어나면 정말로 큰 문제다.

강연 사역의 절정기에 나는 로즐린과 나 자신, 심지어 하나님과도 게임을 하기 시작했다. 내가 어린 시절에 했던, 숨을 테니 나를 찾아보라는 성인 버전의 숨바꼭질이었다. 나는 종종 과도하게 스케줄을 짜서, 보통 대륙 양 끝에서 열리는 두 개의 강연 일정 사이에 불과 며칠간의 여유밖에 없을 때가 많았다. 내 게임의 규칙은 이랬다. 강연을 마치면 공항 근처에 호텔방을 잡고 그 안에 틀어박혀 술을 마신다. 나는 로즐린에게도, 그 누구에게도 연락을 하지 않았다. 이렇게 호젓이 틀어박혀 있는 기간은 하루에서 나흘까지도 갔다. 바로 이것이 숨을 테니 나를 찾아보라는 게임이다. 다 큰 어른이 어린아이의 놀이를 하고 있었던 것이다.

로즐린은 내 게임을 알아채고는 거의 항상 나를 추적해 냈다.

그리고 애원하는 전화가 왔다. "브레넌, 제발 집에 와요." 그러면 나는 뉴올리언스로 돌아갔고, 우리의 벽난로를 배경으로 신체적으로 몹시 괴로운 알코올 중독자의 금단 증세가 진행되었다. 로즐린은 그 시기에 딸들을 보호하려고 최선을 다했지만, 무언가가 잘못되었다는 것을 그 아이들이 알았을 것이라고 나는 생각한다. 나를 보고서 알 수 없었다면, 로즐린을 보고 확실히 알았을 것이다. 이 시기의 타격이 로즐린의 눈에 나타나기 시작했기 때문이다. 알코올 중독자 가정의 현실 중 하나는 가족들도 그 미친 상황에 빨려 들어가는 때가 많다는 것이다. 누가 의도해서 일어나는 일이 아니다. 그냥 그렇게 된다. 로즐린도 그랬다. 때로 로즐린은 나만큼이나 자기 부인 상태에 빠지게 스스로를 내버려두었다. 우리는 각자 자기 나름의 방식으로 진실을 감추고 겉으로는 아무렇지도 않은 척하려고 애를 썼다. 인생에서 알코올 중독자와 함께 살 수 있게 준비시켜 주는 것이 무엇이 있겠는가? 나는 아무것도 없다고 생각한다. 그냥 그 상황에 처하게 되면 최선을 다하는 수밖에 없다. 나와 로즐린도 그랬다.

내 '최고'의 게임은 9일간 사라진 것이었다. 아무도 내가 어디에 있는지 몰랐다. 당시에 로즐린은 로욜라 대학교에서 종교 교육 석사학위를 받으려고 대학원 공부를 하고 있었는데, 내가 사라지자 너무 힘들고 불안해서 그 학기에 학교를 그만두고 말왔다. 그로부터 7년 후에 로즐린은 결국 학위를 마쳤는데, 분명 나를 찾아다니느라 시간을 쓰지 않아도 되어서 가능한 일이었을 것이다. 우리의 결혼생활은 위태로웠고, 그것이 모든 일에 영향을 미치고 있었다.

나는 마침내 로즐린에게 전화를 걸어, 집으로 가고 있다고 했다. 그 통화 중에 로즐린이 무슨 말을 했던 기억은 없다. (무슨 말을 하겠는가?) 어쨌거나 로즐린은 공항에서 나를 만났는데, 그때 나는 평상시처럼 허름한 바지를 걸친 매력적인 이야기꾼이 아니라 구토의 악취를 풍기며 제대로 숨도 쉬지 못하는 취객이었다. 과도한 음주로 가장 먼저 영향을 받은 곳은 폐였다. 호흡 곤란은 지속적으로 나타나는 내 금단 증세 중 하나였다. 그때 내가 숨 쉬는 것을 하도 힘들어 해서 로즐린은 서둘러 나를 데리고 옥쉬너 병원 응급실로 갔다. 충분히 술에서 깬 후에 나는 약을 처방받고 퇴원했다. 며칠 후에 나는 다시 비행기를 타고 다음 강연 일정을 향해서, 또 한 차례 브레넌 매닝의 숨바꼭질을 하러 떠났다.

결혼은 두 사람의 것이지 한 사람의 것이 아니다. 모든 이야기에는 두 가지 면이 있고, 진실은 종종 그 둘 사이의 어딘가를 맴돌다. 로즐린도 나처럼 자신이 씨름한 천사들과 악마들이 있었다. 사태가 추하다고 우리가 깨달은 단 하나의 순간이 있었던 것은 아니라고 생각한다. 그것은 점진적 진행이었고, 서서히 쌓였으며, 만약 결혼이 공식이었다면 5로 결과가 나왔을, 1과 4 사이의 여러 순간들이었다. 그러나 결혼은, 인생과 마찬가지로, 방정식이 아니라고 나는 생각한다. 때로는 셈이 되지 않는 것이다.

그 시절에, 사람들은 우리가 길을 잃었다고 말할 것이다.
우리의 의미, 너의 의미를 잃었다고.
보아하니 우리는
나로 축소되어 있었다.

에이드리언 리치(Adrienne Rich), '그 시절에'(In Those Years)

우리는 16년간의 결혼생활 후, 1998년 별거에 들어갔다. 그리고 1년 후 재결합하려고 노력했지만, 우리 결혼의 피부 조직이 치명적으로 상했고, 이미 그 해가 가해질 만큼 가해졌다는 것이 자명했다. 그리고 우리는 둘 다 무감각한 상태였다. 그로부터 1년 후인 2000년에 우리는 결국 이혼했다. 결혼 전에 가졌던 7년간의 '뽀뽀 얼굴과 안고 어르기' 시절까지 포함해서 로즐린과 나는 25년의 세월을 함께했다. 그리고 우리는 헤어졌다.

15

이 세상에서 살려면 세 가지를 할 수 있어야 한다.
필멸의 것을 사랑하고,
자기 인생이 그것에 달린 것을 알고 그것을 바짝 끌어안아야 하며,
놓아줄 때가 되면 놓아주어야 한다.[14]

메리 올리버(Mary Oliver), '블랙워터 숲에서'(In Blackwater Woods)

나는 결혼생활을 어떻게 하는지 몰랐지만, 이혼을 하고 나니 결혼생활이 **아닌** 생활을 하는 것도 모른다는 것을 알게 되었다. 그러니 안다는 것을 어쩌면 몰랐는지도 모른다. 이렇게 또 내 머릿속에서 마음의 문제를 지식화하고 있다. 그러나 요즘에는 그러한 의미론적 퍼즐이 내 뇌를 아프게 하고, 그것이 우리의 관계와 미약할지언정 서로를 사랑하려 했던 노력을 관통하는 은혜의 끈

을 존중하는 데에 별 도움이 되지 않는다는 생각이 든다. 그래서 결혼이 끝나고 남은 것은 무엇일까? 글쎄, 우리가 남은 것 같다.

하지만 내 마음의 눈에 보이는 것이 있다. 나를 갉아먹는 동시에 차분하게 하는 흉터가 진 이미지다. 나는 꽃이 보인다.

폴 하딩(Paul Harding)의 「팅커스」(*Tinkers*)가 생각난다.

그 밭은 버려진 터였다. 오래전에 폐허가 된 낡은 집의 잔해가 밭 뒤쪽에 있었다. 꽃들은 분명 가장 최근에 핀 다년생 식물임에 틀림없었다. 그 꽃의 선조들은 폐허가 되기 전 칠도 되지 않은 날것의 집이었을 때 그곳에서 살았던 여인이 심었을 것이다. 여주인과 그녀의 진지한 골초 남편 그리고 어쩌면 한 쌍의 말이 없고 진지한 딸들이 살던 집이었을 것이다. 그리고 꽃들은, 날것의 벌거벗은 터 위에 날것의 집이 날것의 땅에 마치 불가피한, 어쩔 수 없는, 순전한 광기의 행위처럼—왜냐하면 인간은 어딘가에서 그리고 무언가의 안에서 살아야 하기 때문에—불쑥 솟아 있는 것에 대한 저항의 행위였을 것이다.……따라서 꽃들은 어쩌면 연고(軟膏)였을 것이고, 만약 연고가 아니라면, 바로잡겠다고 제안할 권한이 그녀에게 있었다면 그녀가 발랐을, 연고를 상징하는 어떤 제스처였을 것이다.[15]

16

이혼하기 전의 마지막 몇 해는 내 감정을 갈기갈기 찢어 놓았다. 나는 지나치게 많은 강연 여행을 다녔고, 고립되어 술에 취해 있었다. 표면적으로는 잘하는 것처럼 보였다. 그러나 그 이면에는 외로움과 불안이 무자비하게 격노를 불러일으키며 나를 휘저어 놓았다. 정말이지 그 시기의 내 강연이 얼마나 가치가 있었는지 잘 모르겠다. 사람들은 내게 그 강연이 인생을 바꾸어 놓았고 그 책들이 해방감을 주었다고 말했지만, 나는 모르겠다. 하지만 내가 결코 후회하지 않을 결정을 하나 하기는 했다. 바로 좋은 남자들과 함께 어울리는 것이었다.

나는 그 어느 때보다도 외로움을 많이 느꼈다. 나는 작은 형제회 시절이 그리웠다. 그 경험을 통해서 나는 남성들 간의 동지애가 현실적으로 가능하다는 것을 알았다. 그래서 나는 알지만 서로는 모르는 남자들에게 초대장을 보냈다. 폴, 앨런, 데블린, 밥, 부치, 존, 필, 미키, 마이클, 진, 에드, 존, 루, 존 피터 같은 이름을 가진 사람들이었다. 1993년이었던 것 같은데, 확실하지는 않다. 그들에게 물어보았는데, 답이 다 달랐다. 어쨌거나 요지는 어느 해였느냐는 것이 아니라, 그 일이 있었다는 것이다. 대부분의 사람들이 지난 몇 년간 리트릿이나 수양회에서 만났던 남자들이었다. 몇 명은 책이나 강연 테이프를 통해서만 나를 알았지만, 전화나 편지를 서로 주고받기는 했다. 초대는 간단했다. "미시시피에서 나와 며칠간 시간을 보냅시다." 우리가 무엇을 할지 더 자세하게 말하지는 않은 것으로 기억한다. 지금 돌이켜 보면, 나의 오랜 꿈의 흔적이 거기에 보인다. 다만 이번에는 내가 먼저 주도했다는 것이 유일한 차이였다. "난 네가 좋아. 우리 같이 어울려도 돼?"

그들 모두가 초대를 받아들였다. 그중 한 사람은 이렇게 표현했다. "오겠다고 답할 만큼 미친 사람은 우리밖에 없었다." 나는 신이 나는 동시에 무서워 죽을 지경이었다. 어떤 면에서 보자면, 남자들만 있는 방은 언제나 위험하다. 경쟁심이 팽배해서 폭력이 일어날 가능성이 늘 있다. 한자리 차지하려고 거들먹거리고 다투는 일도 자주 생긴다. 그러나 이 남자들 사이에는 공통분모가 있었다. 내가 다른 사람이 아닌 바로 그들을 초대한 이유 중

모든 것이 은혜다

하나이기도 하다. 그리고 그것은 나도 공유하는 것이었다. 우리는 전부 다 깨어진 사람들이었다. 내가 기도하며 바란 것은, 바로 그 사실이 일반적인 남자들의 허튼소리를 막아 주리라는 것이었다.

그러나 나는 또 다른 차원에서 긴장이 되기도 했다. 나는 강단에서 혹은 책의 지면을 통해서 브레넌 매닝으로 이 사람들에게 감명을 주었다. 그런데 이제 며칠간 나는 동등한 자격으로 이 사람들과 같은 방에 있게 될 것이다. 그저 브레넌으로 있는 법을 내가 아는지 확신이 없었고, 그들이 그저 브레넌을 좋아할지도 알 수가 없었다.

우리의 첫 만남은 아름다움 그 자체였다. 요즘에는 투명성과 연약성을 지향하는 경향이 있지만 당시에는 그렇지 않았다. 혹 있다 해도 드물었고, 남자들 사이에서는 특히 그랬다. 몇 명의 남자들은 이 경험이 자신에게는 맞지 않는다는 것을 곧바로 알아채고 떠났고, 떠난 후에는 다시 돌아오지 않았다. 그것은 괜찮았다. 그러나 남아 있던 사람들에게 그 주말은 목마른 자를 위한 물과도 같았다.

나의 원래 계획은 그 모임을 한 번만 가지는 것이었다. 그러나 그 첫 모임이 끝날 무렵, 모든 사람이 내게 매우 큰 의미가 있는 말을 여러 버전으로 반복해서 말했다. "이거 한 번 더 합시다." '더.' 두 번째 해의 모임에서도 우리는 같은 갈망의 결론에 도달했다. 그래서 우리는 또 한 차례의 모임을 계획했다. 그룹들이 종종 그렇게 하듯, 우리는 우리 자신을 부를 수 있는 어떤 이름이나 표어 같은 것이 있으면 좋겠다고 생각했다. 그래서 잠시 애를 써 보았지만 아무것에도 합의를 할 수가 없었다. 그러던 어느 해에 우리는 콜로라도스프링스에 있는 가톨릭 리트릿 센터에 가게 되었다. 안내 데스크에 있던 수녀가 우리 그룹의 이름을 물었고, 내 입에서는 '악명 높은 죄인들'(The Notorious Sinners)이라는 말이 튀어나왔다. 그러자 그 수녀가 씩 웃으면서 물었다. "무엇 때문에 그렇게 악명 높은가요?" 그녀의 질문은 수사적인 것이었지만 나는 웃었고 그 이름이 고정되어 버렸다. 그 이름은 마치 장갑이 손에 맞듯 꼭 맞았다. 마이클 야코넬리는 자신의 책 「마이클 야코넬리의 영성」(Messy Spirituality)에서 그 그룹을 잘 묘사했다.

악명 높은 죄인들은 영성 리트릿 센터에서 1년에 한 번씩 만난다. 그런데 도착하자마자 우리는 센터 운영진과 마찰을 일으킨다. 우리가 영성 리트릿 센터에 오는 대부분의 관상가들처럼 말이 없고, 조용하고, 가만히 하나님의 음성을 구하는 행동을 하지 않기 때문이다. 우리는 다른 종류의 관상가들이다. 세속적이고, 활기가 넘치고, 시끄럽고, 소란스럽다. 하나님을 찾을 때도 쿵쾅거리며 자기 영혼 주변을 돌고, 함께 즐거운 시간 보내자고 우리 마음에 찾아오신 제멋대로인 예수님과 어울린다. 우리 중 몇 명은 시가를 피우고, 절반 정도는 회복 중인 알코올 중독자이며, 몇 명은 바닷사람도 당황스럽게 할 정도로 입이 거칠다. 악명 높은 죄인들 중에서 두 명은 가죽 바지에 가죽 재킷까지 입고 할리 데이비슨 오토바이를 몰고 나타난다.[16]

나를 제외한 이 남자들은 지난 2010년 8월에 콜로라도의 베일에서 모여 '한 번 더'를 또 한 차례 했다. 그러니 이제 몇 년째인가? 우리는 기억하지 못한다. 그리고 신경도 쓰지 않는다. 이제 와서 이 그룹에 대해서 생각해 보면 흥미롭다. 나는 해병대에서 군인들과 지냈고, 수도원에서 수사들과 지냈고, 가난한 사람들을 섬기며 수도원 밖에서 형제들과 지냈다. 악명 높은 죄인들은 그 모든 경험 가운데서 최고의 면만 뽑아 섞어 놓은 특이한 조합이다.

우리가 함께 시간을 보내는 방식은 아주 약간만 달라졌을 뿐이다. 지금도 이 그룹은 남자들이 서로 마음을 열고, 듣고, 기도

하고, 성찬을 할 수 있는 안전한 장소다. 이들은 최고의 의미에서 **지성소**다. 해마다 신비롭고 기적이 넘치는 경험을 한다는 인상은 전혀 주고 싶지 않다. 힘든 해도 있었다. 내 알코올 중독과 중독자의 태도가 중심에 있는 태양이 되어서 다른 모든 사람이 그 주변을 돌며, 때로는 그 뜨거움에 그슬리는 때도 있었다. 그것을 내가 자랑스러워 하는 것은 아니지만, 그런 일도 있었음을 부인할 수는 없다.

작가 스티븐 킹(Stephen King)은 이렇게 말했다.

> 자기와 같은 처지인 사람들로부터 있는 그대로의 진실을 말하는 엄한 사랑— '이봐, 그건 거짓말이야'라고 말하는 목소리들—이 없으면 중독자는 옛 방식으로 돌아가는 경향이 있다. 그런데 으뜸가는 옛 방식은……새빨간 거짓말하기다.[17]

나와 같은 처지인 절친한 친구들 몇 명이 오래전부터 나의 거짓말에 대해서 지적을 했다. 대단한 거짓말보다는 사소한 거짓말들, 애초부터 거짓말을 해야 하는 그것 자체가 문제였다. 왜 알코올 중독자들은 사소한 것에 대해서 거짓말을 하는가? 계속 술을 마시기 위해서다. 알코올 중독이 괜히 '거짓말쟁이의 질병'이라고 불리는 게 아니다.

그들의 지적은 결코 뜻대로 되지 않았다. 지금 내가 믿는 것을 그때도 믿었더라면 하고 바랄 뿐이다. 그러한 지적이 악의에서 비롯되었을 가능성은 전혀 없다. 언제나 사랑에 뿌리를 두고 있었다. 그러나 나는 언제나 그들의 말을 비판으로 받아들였고, 그랬기 때문에 나는 방어적인 분노로 반응했다. 내게 있어 분노는 가면이었다. 두려움을 가리는 가면. 그때도 어렴풋한 의혹은 있었지만, 지금은 확실히 고백할 수 있다.

지난 몇 년 동안은 내 건강 때문에 악명 높은 죄인들과 만날 수가 없었다. 하지만 그들이 나 없이도 계속해서 한 번 더 모이고 마음을 열고, 듣고, 기도하고, 성찬을 하는 것이 내게 힘이 된다. 그들은 나를 넘어섰다. 좋으면서도 약간 서운한 현실이다. 최근에 몇 명이 나를 방문해서 악명 높은 죄인들의 지속적인 성실함에 대해서 이야기해 주었다. 그 이야기들은 나를 정말 기쁘게 했다.

몇 년 전에 로버트 존슨(Robert Johnson)의 회고록인 「하늘과 땅 사이의 균형 찾기」(*Balancing Heaven and Earth*)를 읽으면서 깊은 감동을 받았다. 존슨이 어느 날 밤에 꾼 생생한 꿈에 대해서 이야기한 부분에 나는 별표를 잔뜩 쳐 놓았다. 내 책「신뢰」(*Ruthless Trust*)에서 그 부분을 인용했다. 이제 그 내용은 내 좋은 친구들에게 적합한 살아 있는 헌사라고 생각한다. 어떤 사람들은 그 본문이 모든 정통성의 규칙을 깬다고 비판했다. 하지만 악명 높은 죄인들의 규칙 중 하나가 '규칙은 없다'는 것이었음을 안다면 이해가 될 것이다.

검사가 내 평생 지었던 모든 작위와 부작위의 죄를 열거했다. 목록은 정말 길고 길었다. 몇 시간째 계속되자 그것이 산사태처럼 나를 덮쳤다. 발바닥이 화끈거릴 정도로 내 심정은 비참해지고 또 비참해졌다. 몇 시간에 걸친 검사의 기소가 끝나자 한 무리의 천사들이 나타나서 나를 변호했다. 그들의 말은 이것뿐이었다. "하지만 그는 사랑했다." 그들은 그 말로 쉬지 않고 합창을 부르기 시작했다. "하지만 그는 사랑했다. 하지만 그는 사랑했다. 하지만 그는 사랑했다." 그렇게 동틀 녘까지 계속되어 마침내 천사들이 이겼고 나는 안전했다.[18]

악명 높은 죄인들 중에서도, 나는 폴 쉘던을 가장 오래 알았다. 내 일기와 내가 살면서 알았던 사람들에 대해서 쓴 글을 보면, 계속해서 그를 '가장 친한 친구'로 언급한 것이 보인다. 그러나 '가장 친한'이라는 말은 나와 폴의 관계에 마땅한 경의를 다 표하지 못한다고 생각한다. 나는 오히려 '가장 오랜'이라는 말이 더 좋다.

폴이 내 강연을 처음 들은 것은 1972년 앨라배마의 모빌에 있는 어느 성당에서였다. 나는 가톨릭교회에서 하는 '9일간의 기도'라는 것을 가르치고 있었는데, 특별한 일이나 의도가 있을 때 9일간 공적 혹은 사적 기도를 드리는 것을 일컫는다. 제자들과 마리아가 예수님의 승천과 오순절 일요일 사이의 9일 동안 기도를 한 것에 착안한 훈련이다. 나는 호기심에 내 첫 메시지의 어떤 부분이 그에게 영향을 미쳤는지 물었다. 그의 일관된 대답은, "브레넌, 그냥 '저게 진리다'라고 알았을 뿐이네"였다. 다른 사람들과 마찬가지로 폴도 나와 친구를 맺으려 했고, 우리의 우정은 그 9일을 넘어서까지 이어졌다. 우리가 처음부터 잘 통했던 것은 아니다. 사실 우리가 가까워지는 데는 거의 2년이 걸렸다. 하지만 일단 가까워지자 우리는 친한 사이가 되었다. 술이 도움이 되었다.

젊은 그리스도인 지도자들 중에 맥주를 마시며 신학 이야기를 하는 것을 짜릿하고 세련된 행위처럼 생각하는 사람이 있는 걸로 안다. 마치 전에는 누구도 그 두 가지를 결합할 생각을 하지 못했던 양 말이다. 하지만 그 젊은이들은 역사적 기억 상실을 앓는 것이라고 생각한다. 폴 쉘던과 나는 그 젊은이들이 잉태도 되기 전부터 그렇게 했다. 폴하고 나는 술에 취해서 몇 시간을 하나님에 대해서 이야기했다. 크리스마스처럼 기분 좋은 시절이었다.

당시 폴은 증권 중개인이었고 그의 아내 제니는 요리를 아주 잘하는 남부 사람이었는데, 내가 먹는 것을 좋아한다는 걸 금세 알아챘다. 폴과 제니는 마치 가족처럼 나를 자기 집에 맞아들였고, 나는 그들의 초대를 무척 소중히 여겼다. 내가 로즐린을 만나고 그녀가 내 삶의 일부가 되자, 우리 네 명—폴과 제니와 로즐린과 나—은 함께 외출도 했다. 사제였던 사람과 부부 동반으로 만난다는 생각이 누구에게나 편한 것은 아니었기 때문에, 폴과 제니가 나와 로즐린을 의도적으로 인정해 준 것은 말로 표현할 수 없이 고마운 일이었다. 그들은 조건 없이 우리를 택해 주었고, 그것은 정말로 대단한 일이었다. 내가 모빌이나 그 근처에 갈 때마다 우리는 다 같이 모였고, 제니는 식사를 준비했다. 그 식사는 내게 '자비'였다. 우리는 웃고 이야기하고 농담하며 우정이라고 하는 흔치 않은 태양 아래서 기분 좋게 볕을 쬐었다. 더욱더 크리스마스처럼 기분 좋은 시절이었다.

폴과 나는 늘 술을 많이 마셨다. 그런데 1980년 11월에 폴이 술을 끊었다. 나는 끊지 않았다. 그날 바로 우리의 우정이 끊기거나 그렇게 될 일은 아니었지만, 달라진 것은 사실이다. 어떠한 관계에서든 한 사람이 달라지면 그 관계가 달라지는 것이 관계의 역동이다. 전과 같지 않다. 같을 수가 없다. 폴이 술병에서 손

모든 것이 은혜다

을 떼자, 내게는 없는 명쾌한 시각과 안목이 생겼다. 나도 그런 게 있는 줄 알았지만 그렇지 않았다. 다시 말해서, 폴은 정직해졌고 나는 그렇지 않았다.

앞에서 악명 높은 죄인들 중 몇 명이 거짓말에 대해서 내게 몇 차례 지적했다는 말을 했다. 그 일을 충실하게 해준 사람 가운데 한 명이 폴이었다. 2000년 초에 그는, 사실이 아닌 말을 내가 하는 것을 알아챘다. 나는 그저 과장한 것이라고 얼버무리고 싶었지만 폴은 그것을 거짓말이라고 했다. 그는 또한 내 설교에 분노가 서려 있는 것을 눈치채고 걱정했다. 그가 쓴 표현은 '무서웠다'였다. 나의 가장 오랜 친구가 자신의 염려를 내게 말해 주었다. 어떤 사람들은 그것에 대해 곧바로 '엄한 사랑'이라는 표현을 끄집어내겠지만, 지금 돌이켜 생각해 보면 그의 말은 다정했고 진심 어린 것이었다. 그러나 알코올 중독자의 최상의 방어는 역시 방어이기 때문에 나는 그렇게 했다. 우리의 관계가 끝나지는 않았지만 다소 멀어지기는 했다. 그리고 그 후로 한동안은 곧 깨질 것도 같았다. 영혼에 상처를 입고 나면 하루하루가 느리게 흘러간다. 폴의 지적을 나는 그렇게 경험했다. 그러나 내가 은혜의 세계에서 배운 것이 있다면, 실패는 언제나 다시 시작할 수 있는 기회라는 것이다.

∼

그로부터 2년이 채 되지 않아서 나는 앨라배마의 포인트 클리어에 있는 폴의 집을 방문했다. 나는 여전히 방어를 할 태세였지만, 폴은 공격적인 플레이로 나를 놀라게 했고 결국 그가 이겼다. 그는 자신이 내게 했던 염려의 말은 하나도 거두어들이지 않겠지만, 그럼에도 우리의 우정은 잃고 싶지 않다고 했다. 그렇게 말만 했어도 아마 충분했을 것이다. 그러나 폴은 눈물을 흘리며 그 말을 했다. 남자가 말이다. 대부분의 사람들은 남자의 눈물 앞에서 어떻게 해야 할지를 모른다. 나는 지금도 잘 모르겠다. 정직하고자 애쓰는 모든 노력에도 불구하고, 남자들은 여전히 강하고 경쟁적이고 통제력을 가질 것을 요구받는다. 눈물은, 불행히도, 요구되는 사항이 아니다. 그러나 하나님의 크신 은혜로 우리와 친구가 되고 우리에게 다른 삶의 방식을, 강렬하게 다정하면서도 충성스러운 방식을 보여 주는 눈물 어린 남자들이 드물게 있다. 폴 쉘던은 그런 사람이었고, 그날 그의 눈물은 수년간 곪아 터지게 내버려 두었을 수도 있는 내 상처를 지혈해 주었다.

그의 눈물이 내 음주와 과장과 분노도 멈추게 했다고 보고할 수 있으면 참 좋으련만, 그것은 사실이 아니다. 그 눈물은, 여전히 시련을 겪겠지만 전보다 더 강해질 우리의 우정을 치유해 주었다.

 사람들은 상처받은 치유자에 대해서 쉽게 이야기한다. 마치 그런 사람이 어디에나 있는 것처럼 말이다. 나는 잘 모르겠다. 나는 그저 개인적으로 그런 사람을 알 뿐이다. 그의 이름은 나의 가장 오랜 친구인 폴이다.

17

이제 이야기의 초점을 세 사람에게로 옮기려고 한다. 프랜시스 브레넌, 형 롭, 그리고 어머니다.

프랜시스는 말하자면, 나의 둘째 어머니다. 롭은 예나 지금이나 변함없는 나의 영웅이다. 그리고 어머니는 어쩔 수 없는 내 어머니다. 이 세 사람의 공통점은 그들이 내 인생에 미친 영향이 크다는 것과, 지금은 모두가 이 세상 사람이 아니라는 사실이다. 소년이었을 때 조이를 잃고 작은 형제회였을 때 도미니크를 잃었지만, 그 후로 한동안은 그렇게 가까이에서 죽음을 경험하지 못했다. 그래서 그것이 얼마나 아픈지 잊고 있었다.

잘 알려지지 않은 그리스어 '헤타이라'(*betaira*)는 남자의 동료가 될 수 있는, 보기 드문 여성을 뜻한다. 성적 파트너나 아내가 아니라 남자들이 높이 사는 품위와 매력을 선사하는 여성 말이다. 현재 우리가 쓰는 언어에는 여성의 이러한 자질을 설명할 적합한 단어가 없다. 오늘날 그런 여성은 흔하지 않다. 굳이 단어를 고르라고 한다면 나는 '마'(Ma, 엄마의 또 다른 호칭—옮긴이)라고 하겠다. 나에게 마는 프랜시스 브레넌이었다. 그녀는 내게 완벽한 헤타이라 여성이었다. 그녀의 아들 레이는 내가 해병대 시절에 사귄 가장 친한 친구였다. 레이는 시카고에서 발생했던 대형 주택 화재에서 연기에 질식해 사망했는데, 친구의 이 비극적 죽음 이후 나는 그의 어머니를 나의 둘째 어머니로 삼았다. 원하는 만큼 자주 방문할 수는 없었지만, 가능하면 자주 찾아뵈려고 했다.

마는 혈기 왕성한 아일랜드계 여성의 전형이었다. 한번은 그녀를 방문할 때, 우리가 서로 아는 친구에게 부탁을 해서 리무진을 대절하여 그 집 앞에 나타났다. 마는 현관에 서서 고개를 앞뒤로 저었다. 나는 차 밖으로 나서며 말했다. "마, 옷 차려입으세요. 점심 먹으러 리츠칼튼에 갈 거예요." 내가 달나라에 간다고 말을 한 것처럼 마는 놀랐지만, 멋지게 차려입고 나와서 우리와 함께 리무진을 타고 갔다. "마, 새우 칵테일 꼭 드셔 보세요. 이 세상 맛이 아니에요." 당시에 그 메뉴가 아마도 15달러 내지는 20달러 했던 것 같다. 그래서 마는 "말도 안 돼! 너무 비싸!"라고 말하며 거부했다. 나는 내가 대접하는 것이라고, 사실은 내 기쁨이라고, 내게 아주 큰 즐거움이 되는 일이라고 계속 고집했다. 그러자 마는 마지못해 동의했고, 웨이터가 그 요리를 우리 식탁에 가져다 놓자 정신없이 드시고 씩 웃으시며 나를 향해 몸을 기울이더니 "한 그릇 더 먹어도 될까?" 하고 물으셨다. 그 질문에 나는 마가 리무진을 보고 놀란 것만큼이나 놀랐던 것 같다. 나는 웃음이 터져 나왔고, "당연하죠!"라고 말했다.

"당연하죠!"는 우리 사이에서 말 그 이상을 의미하는 긍정과 확인의 표현이 되었다. 우리는 서로에게 자주 그 말을 썼다. 신부가 "주께서 복 주시고 지켜 주시기를"이라고 말하는 것처럼, 그것은 서로에게 복을 비는 말이었다고 생각한다.

브레넌 가정에는 아들이 둘 있었다. 내 친구 레이와 그의 동생 에드워드가 있었다. 에드워드는 어렸을 때 무슨 뇌 질환을 앓고 나서부터 늘 유모차에 앉아 있는 신세가 되었다. 기저귀도 떼지 못했고, 걸음도 걷지 못했으며, 말은 대체로 알아들을 수 없는 외침이었다. 브레넌 부부는 여러 해 동안 에드워드를 집에서 돌봤다. 먹이고, 목욕 시키고, 기저귀를 갈아 주고, 어린아이에게 하는 것과 같은 일상적인 훈육을 했다. 남편이 세상을 떠나자, 마는 계속 혼자서 에드워드를 돌봤다. 사랑으로 가득한 단조로움에서 나의 방문은 그녀에게 휴식이 되었다는 것을 나는 안다.

시카고 서쪽에 있는 세인트 드니즈 가톨릭교회에서 강연을 했을 때 마와 관련된 추억이 있다. 우리는 일요일 아침에 시작해서 목요일 저녁에 끝나는 5일간의 집회를 하고 있었다. 에드워드를 돌봐줄 사람을 구하는 것이 쉽지 않았지만, 마는 몇 차례의 예배에 참석을 했고, 내게는 그것이 아주 큰 의미가 있었다. 화요일에 내가 전한 메시지는, 이웃에게 더 친절하고 연민을 가지고 사랑으로 대하라는 도전이었다.

그날 늦게 나는 마의 집을 방문했는데, 마가 내게 말했다. "리치(마는 언제나 나를 리치라고 불렀다), 내가 사람들에게 더 친절하게 대해야 하는데 말이야. 나를 위해서 기도해 줘." 바로 그때 전화벨이 울렸다. 마는 전화를 받더니 손으로 송화기 쪽을 가리고 말을 했다.

나중에 전화를 끊고 나서 내가 물었다. "누구였어요?"

그때 마의 대답을 결코 잊지 못할 것이다. "내 조카야. 정말이지 골치 아픈 애라니까. 봐라, 리치, 나를 위해서 기도해 줘!"

"당연하죠, 마!"

루이지애나 주 배턴루지에서 강연을 하고 밤 10시가 다 되어 매우 지친 채 뉴올리언스에 있는 집으로 돌아왔을 때였다. 문을 열고 들어서는데 자동응답기에 빨간 불이 깜박이는 것이 보였다. 거기에 녹음된 음성은 부드러웠지만 긴장되어 있었다. "브레넌 부인이 돌아가시려고 해요. 부인의 마지막 요청이 당신을 보는 거랍니다." 그날 밤에는 항공편이 없어서 다음날 아침 시카고로 가는 첫 비행기를 탔다. 그리고 택시를 타고 인디애나 주 산 피에르에 있는 마리아의 작은 자매회 양로원으로 갔다.

마는 어느 날 어지럼증 때문에 쓰러져서 골반뼈가 부러졌다. 그날로 집에서 에드워드를 돌보는 일은 끝이 났다. 마가 회복되는 동안 에드워드가 있을 곳을 찾아야만 했다. 몇몇 친구들의 도움으로, 나는 마리아의 작은 자매회가 운영하는 양로원을 찾을 수 있었다. 고맙게도 그들은 에드워드를 받아 주었고, 그것은 우리 모두에게 선물이었다. 에드워드는 24시간 돌봄이 필요한 상태였다. 치료가 다 끝난 후에 마는 오랜 세월을 산 집을 팔고 에드워드와 함께 작은 자매회에 계속 살기로 했다. 자신이 직접 에드워드를 돌보지 못한다 하더라도 가까이 있을 수 있었기 때문이다.

마침내 내가 양로원에 도착한 시간은 밤 9시였다. 마가 있는 방으로 들어서니 수녀 한 분이 침대 곁에 앉아서 91세가 된 나의 둘째 어머니를 위해 기도하고 있었다. 그 무렵 마의 몸무게는 27킬로그램 정도였을 것이다. "당신을 찾으면서 오기를 기다렸어요." 마는 나를 사랑하기만 한 것이 아니라, 내가 도착해서 작별인사를 할 때까지 기다릴 만큼 나를 좋아했던 것이라고 나는 생각한다. 내가 침내로 나가자사, 마는 자신의 입술을 가리켰다. 나는 마의 요구를 알아듣고 몸을 기울여서 입술에 입을 맞추었다. 마가 속삭였다. "더." 나는 두 번째로 입을 맞추었다. 그러자 다시 한 번 마는 웃으면서 "더"라고 말했다.

나는 혈기 왕성한 내 헤타이라 여성에게 세 번 입을 맞추었다. 아마도 곁에 있던 수녀는 충격을 받았을 것이다. 나는 신경 쓰지 않았다. 입맞춤이 어떤 의미를 담고 있는지 내가 다 이해할 수는 없지만, 그날 밤 우리의 입맞춤이 마가 다음 단계의 여행을 하기에 충분한 은혜를 담고 있기를 바랐다. 그러고 나서 한 시간 반 동안 나는 마의 가슴팍이 희미하게 오르내리는 것을 앉아서 지켜보았다. 마침내 마는 숨을 거두었다. 그 순간 죽음이 승리한 것이라고 나는 생각하지 않는다. 마는 마침내 온전히 집으로 돌아갔다고 나는 생각한다. 그러나 생의 이쪽에 남아 있던 나는 죽음의 아픔을 느꼈다. 다시 마를 볼 것이라고 믿었지만, 그때까지는 어머니이자 친구를 잃은 것이다.

마의 마지막 순간에 했던 그 세 번의 입맞춤에 대해서 나는 종종 궁금해 했다. 나는 그것을 예수님이 베드로에게 반복해서 하신 질문으로 보려고 한다. "네가 나를 사랑하느냐?" 만약 마

브레넌이 내게 묻는 것이 그것이었다면, 내 입술이 그 대답을 해주었을 것이라고 믿는다. "당연하죠, 마!"

마가 돌아가신 후 에드워드는 오래 살지 못했다. 그녀의 목소리는 더 이상 그의 방에 있지 않고 다른 장소, 다른 실재에 가 있었다. 에드워드는 그냥 그 목소리를 따라서 집으로 간 것이라고 나는 생각한다.

내가 프란체스코회에서 사제 서품을 받을 때 이름을 바꿨다고 했는데, 형제들은 내가 다소 무명의 아일랜드 성인인 세인트 브레넌을 따라서 그 이름을 택했다고 생각했다. 어떤 의미에서는 맞다. 그러나 그것보다도, 내가 택한 그 이름은 강인한 아일랜드 여성과 그녀의 두 아들을 내가 얼마나 사랑했는지를 보여주는 표시였다.

마가 성 베드로 앞에서 진주로 만들어진 천국의 문을 통과해 들어갈지 궁금해 하며 서 있는 꿈을 꾸었다. 성 베드로가 옆으로 비켜서며 말했다. "들어와요, 프랜시스." 마는 내가 리무진을 타고 나타났을 때와 비슷하게 믿기지 않아 하며 그냥 서서 말했다. "정말로 내가 들어갈 수 있나요?" 예수님이 성 베드로를 지나서 다가오시더니 그녀를 와락 끌어안으며 말씀하셨다. "당연하지, 마!" 좋은 꿈이었다.

∼

　프랜시스 브레넌의 죽음은 내게 충격이었다. 그리고 형 롭이 사망한 1990년에 또 한 차례 그러한 충격을 받았다. 롭은 결국 경찰이 되었고 나는 신부가 되었다. 아버지는 종종 말씀하셨다. "아들 하나는 나를 감옥에 가지 않게 해줄 거고, 또 하나는 지옥에 가지 않게 해주겠군."

　롭은 뉴욕 관할 경찰서 중 한곳에서 일을 했는데, 그곳에서도 우리 동네에서처럼 터프한 것으로 유명했다. 그는 작전에서 용맹함을 발휘하여 수도 없이 훈장을 받았다. 한번은 경찰서에서 해마다 한 번씩 하는 성찬 아침식사에 강연 초청을 받은 적이 있다. 나는 그들이 지역사회에서 시민들에게 이타적으로 봉사하는 여러 면들에 대해 웅변하듯 말하면서, 그들이 'pig'라는 단어에 새로운 의미를 부여했다고 강조했다. 자부심(pride), 진실성(integrity), 배짱(guts)의 머리글자를 따서 pig라고 내가 이름 붙였던 것이다. 나는 연설을 정말 잘했다고 생각했다. 끝난 후에, 경찰서 서장인 랄피 코엔이 일어나서 형을 잠시 보고 나를 뚫어지게 쳐다보더니, 고개를 저으며 말했다. "이런, 같은 배에서 난 거 맞아?" 랄피는 부드러운 손을 가진 몽상가를 척 보면 알았던 것이다.

그런데 형이 자기보다 더 터프한 대상을 만나고 말았다. 암에 걸린 것이다.

처음에 어머니는 병원에 있는 롭을 보러 가지 않으려고 하셨다. 왜 그랬는지 확실히 모르겠다. 그냥 가지 않으려고 하셨다. 내가 뉴올리언스에 있었을 때 롭이 나를 찾는다는 소식을 듣고 하던 일을 멈추고 바로 떠났다.

가는 길에 나는 어머니 집에 들러서 말했다. "부탁하는 게 아니에요. 내일 롭을 보러 같이 가는 겁니다." 내가 들은 말은, "그래, 알았다"가 전부였다.

우리는 병원으로 갔고, 집에서 자동차까지 그리고 자동차에서 병원 문까지 잘 걷던 어머니가 갑자기 휠체어를 찾았다. 나는 어머니가 앉은 휠체어를 밀고 롭의 병실로 들어갔고, 병실에 들어서자 어머니는 롭을 보고 온갖 하소연을 하기 시작했다. 롭은 자기 아내 실리를 한번 보고 그 다음에는 어머니와 나를 보더니 말했다. "모시고 나가." 나는 롭만큼이나 실리도 사랑하게 되었는데, 실리가 내 눈을 똑바로 쳐다보았다. 나는 그녀의 요청을 해석할 수 있었다. "부탁이에요, 브레넌. 롭이 말하는 대로 해줘요." 그래서 나는 어머니와 함께 병실을 나왔다. 나는 어머니를 집으로 모셔다 드렸고, 형은 그로부터 이틀 후인 1990년 8월 8일에 세상을 떠났다.

부모님은 롭에게 집 계약금으로 4천 달러를 빌려 준 적이 있었다. 장례를 치르러 형의 집으로 차를 몰고 가는데 어머니가 우는 소리를 하셨다. "에밋, 그 4천 달러는 이제 물 건너갔네요."

나는 어머니를 돌아보며 고함을 질렀다. "어머니, 이제 좀 그만하세요!"

그 뒤로는 그냥 말없이 차를 타고 갔다. 형의 집에서 형의 동료 경찰 중 한 명이 내게 다가와서 말했다. "당신의 형은 내가 아는 사람 중에 가장 용감한 사람이었어요. 당신의 형이 아니었다면 내 아내는 과부가 되고 내 자녀들은 고아가 되었을 겁니다. 진정한 영웅이었어요." 나는 "예, 내 영웅이기도 했습니다"라고 말했다. 자라면서 나는 롭이 내 형이었기 때문에 흠모했다. 롭은 무엇이든 나보다 먼저 했다. 먼저 태어났고, 먼저 집을 떠났고, 먼저 한국에 갔고, 먼저 결혼했고, 먼저 직업을 가졌다. 그러나 먼저 죽기까지 할 줄은 몰랐다.

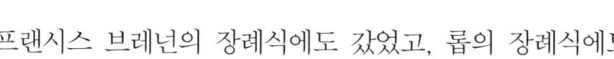

프랜시스 브레넌의 장례식에도 갔었고, 롭의 장례식에도 갔었다. 그러나 아주 중요한 또 하나의 장례식은 놓쳤다.

그 이야기를 하기 전에, 다른 것을 하나 나누고 싶다. 로즐린과 이혼하고 나서 내가 받았던 또 다른 알코올 재활치료 때 기록

했던 일기에 나오는 목록이다. 이 목록에 있는 각 항목은 나 자신에 대한 설명이다. 나 자신의 상태에 대해서 다시 한 번 정직해지려는 시도에서 이 목록을 작성했다. 이 항목들이 내가 어떤 사람이기에 자기 어머니의 장례식을 놓쳤는지를 보여 줄 것이라고 생각한다.

1. 의기양양함, 우월감, 교만. 벌 아이브스(Burl Ives), 에이미 그랜트(Amy Grant), 마이크 딧카(Mike Ditka) 등 나는 끊임없이 유명 인사의 이름을 들먹였다. 다른 사람들이 그렇게 하는 것은 무척이나 싫어하면서 내가 그렇게 하는 것에 대해서는 아무런 문제를 못 느꼈다.
2. 탓하기/비난하기. 나는 (이혼 후에) 로즐린이 나에 대해 민감하지 않았다고 탓했다. "두 딸을 돌보고 집안을 유지하는 일을 나보다 우선시했다. 어떻게 감히 그럴 수 있단 말인가?"
3. 저항. 로즐린이 나에게 술병이 더 자주 재발한다고 하자 나는 단호하게 큰소리로 부인했다.
4. 회피/모면. 가까운 친구들이 내 알코올 중독의 문제를 거론하면 나는 대화 주제를 바꾸었다.
5. 지식화. 새로운 사고방식으로 나를 사랑하는 대신에 새로운 삶의 방식으로 나를 생각하려고 계속 애썼다(지금도 또 지식화

고 있는 것을 보라).

6. 판단/훈계. 나는 교황, 주교 그리고 교회가 결혼한 사제를 허용하지 않기 때문에 경직되어 있고 어리석다고 종종 판단했다. 그리고 나를 비판하는 사람도 무척 싫어했다.
7. 정당화. "봐, 나만큼 초인적인 스케줄을 따라서 열심히 일한 사람은 ~을 할 자격이 있어."
8. 농담. 내가 겸손하고 스스로를 그렇게 대단하게 생각하지 않는다는 인상을 주기 위해서 자기를 비하하는 농담을 했다.
9. 거짓말. 아마도 위의 모든 것을 다 포괄하는 단어일 것이다.
10. 합리화. 나는 탈진했다고 선언하고 가족을 포함해서 도움이 필요한 사람들의 끈질긴 요구를 거절했다.

마지막 항목이 내 인생에서 가장 수치스러운 사건의 요인에 포함된다. 다음의 이야기는 마치 소설처럼 썼다. 정말로 소설이었으면 좋겠지만, 그렇지 않다. 언제나 구한 대로 얻는 건 아니다.

전화벨이 울리고 내게는 선택권이 주어졌다. 받거나 받지 않거나. 받지 않았어야 했는지도 모른다. 마치 지뢰처럼 옆으로 비켜서야 했는지도 모른다. 그러나 나는 받았다. 받고 보니 나쁜 소식을 알리는 무적(霧笛)이었다.

건너편에서 들려오는 목소리는 내가 사랑하는 사람의 목소리였다. 여동생이 단 두 마디의 말을 건넸다. "엄마가 돌아가셨어." 1993년 2월이었다.

전화를 끊고 나서, 나는 단 하나의 감정밖에 느낄 수가 없었다. 슬픔이나 회한 심지어는 두려움을 느꼈다고 말할 수 있겠지만, 이 책에서는 나 자신에게 인정사정없이 정직하겠다고 맹세했다. 제리의 전화를 받고 나서 내게 든 생각은 단 하나였다. '이런, 귀찮군.' 나는 가방을 싸고 항공편을 예약했다.

당시에 나는 뉴올리언스에 살고 있었다. 여동생은 뉴저지 벨마에 살고 있었다. 어머니는 제리가 사는 곳에서 멀지 않은 치매환자 시설에 2년 전부터 들어가 계셨다. 어머니는 완전히 기억을 잃어버렸다. 그러나 나는 그렇지 않았다. 어머니와의 과거는 내 안에 있는 통증의 핵심이었고, 나는 거의 평생을 그것과 씨름했다.

나는 비행기를 타고 뉴어크로 간 후 벨마까지는 택시를 탔다. 그리고 장례식이 열리기로 되어 있는 교회 근처 모텔에 묵었다.

나는 숙박 수속을 하기 전에 주류 판매점에 들러서 가장 싼 스카치 0.9리터짜리를 하나 샀다. 다른 사람들은 꽃꽂이를 하고 셔츠를 다리는 동안, 나는 방문을 걸어 잠그고 커튼을 닫은 후

술을 마셨다. 나는 잊고 싶었다. 그러나 불행히도 스카치는 내 기억의 접근 속도를 늦추기만 할 뿐이었다. 마침내 어머니에 대한 생각이 뚫고 들어오고 말았다. 어머니의 목소리 어조, 어머니가 했던 말, 그리고 대체로 수치심이 몰려왔다. 착실한 알코올 중독자답게 나는 계속해서 술을 마셨다. 그것만이 나의 유일한 방어라고 생각했다. 마침내 어둠보다도 한 색조 더 짙게 모든 것이 사라져 버렸다.

"재는 재로, 흙은 흙으로." 내 어머니 에이미 매닝의 관을 내려다보며 분명 신부는 그 말을 했겠지만 확신할 수는 없다. 어머니의 장례식을 놓쳤기 때문이다. 나는 모텔에서 의식을 잃었다가 내가 어디에 있는 것인지 기억하려 애쓰며 깨어나는 중이었다.

내가 뉴저지 벨마의 어느 모텔방에 있었다는 것은 사실이다. 그러나 진실은 어머니에 대한 마지막 예의를 취기로 녕비한 채 어디 먼 곳에 있었다는 것이다. 그 순간 나는 내 생애에서 가장 깊은 수치심을 느꼈다. '이런, 도대체 나란 사람은 어떤 사람이란 말인가? 어떻게 그런 일이 있을 수 있단 말인가?'

나중에 술이 깨고 나서도 어머니의 묘지에 가 보지 않았다. 사실은 한 번도 가 본 적이 없다.

사역을 하는 동안 한 가지 질문을 수도 없이 받았다. 어떤 때는 아주 진지하게 던져졌고, 또 어떤 때는 바리새인의 수류탄을 잔뜩 장전한 채 던져졌다고 확신한다. "브레넌, 아바와의 만남이 있었는데 어떻게 다시 알코올 중독에 빠질 수 있습니까?" 내가 1990년에 「한없이 부어 주시고 끝없이 품어 주시는 하나님의 은혜」라는 책에서 한 답변은 이렇다.

> 그럴 수 있는 이유는 내가 외로움과 실패로 두드려 맞아 멍들었기 때문이고, 낙심하고 불안정하고 죄책감에 시달리고 예수님에게서 눈을 뗐기 때문이다. 그리스도와의 만남이 나를 천사로 변모시키지 않았기 때문이다. 믿음을 통해 은혜로 의롭게 된다는 말은 수술대에 마취된 상태로 누워 있는 환자처럼 되었다는 뜻이 아니라, 하나님과 바른 관계에 들어갔다는 뜻이기 때문이다.[19]

21년이 지난 지금도 나는 내가 쓴 것을 고수한다. 그 글은 그때나 지금이나 그리고 어머니의 장례식 때나 변함없이 진실하다. 「한없이 부어 주시고 끝없이 품어 주시는 하나님의 은혜」에 나오는 이 글은 많은 사람에게 영향을 미쳤다. 그 말을 사람들로부터 여러 차례 들었다. 하지만 지금 내가 앉은 자리에서 보면 그 글이 조금은 거창하다고, 다소 장황하다고 인정할 수밖에 없다. 이제는 그것을 세 단어의 답변으로 줄일 수 있을 것 같다. 간결한 것을 선호하는 2011년의 부랑아가 이 세 단어로, 1990년대에 장황했던 부랑아의 모든 진실을 담아낼 수 있을 것 같다.

> 질문: "브레넌, 아바와의 만남이 있었는데 어떻게 다시 알코올 중독에 빠질 수 있습니까?"
> 답변: "그럴 수도 있습니다."

내 좋은 친구 필 앤더슨이 이 책 제2부의 최종발언을 하게 하고 싶다. 필의 최근작인 「규칙 깨기」(*Breaking the Rules*)라는 책에 나오는 말이다. 그는 "그럴 수도 있습니다"라는 답변에 대해서 아주 잘 알았다.

나의 가장 큰 소망은 우리 모두가 일관성 있게 행동하는 것처럼 보임으로써 다른 사람을 속이려는 짓을 그만두는 것이다. 하나님과 친밀한 연합 가운데 사는 우리 자신이 실제로 어떤 사람인지가 더 잘 알려져야 한다. 세상이 우리에 대한 수사를 시작하기 전에 우리가 먼저 세상을 향해 그들이 생각하는 것만큼 우리가 나쁜 사람은 아니라고 말하는 게 가장 좋은 출발점일 것이다. 우리는 그 이상으로 나쁘다. 적어도 나는 그렇다는 것을 안다.

현실적이 되어 보자. 어떤 설교자가 옹졸하게 판단하는 말을 했다면, 나는 내 이웃에 대해서 그것보다 더 나쁘고 못되고 가슴 찌르는 말을 했다. 동료 그리스도인들이 동성애 혐오증으로 추정되는 행동을 했다면, 나는 나의 남자다움을 증명하기 위해서 어리석은 짓을 했다. 어떤 형제나 자매든 그들의 도덕적 실패가 탄로 났다면, 나는 은밀하게 실패했을 뿐이다. 외부인에게 예수님의 추종자들이 아무리 지루해 보인다 한들 그 정도는 아무것도 아니다. 내 말을 믿어도 좋다.……우리가 정말로 자신이 선포하는 복음을 믿는다면, 우리는 자신의 아름다움과 동시에 깨어진 상태에 대해서도 정직할 것이고, 그러면 아름다우시고 깨어지신 그분께서 우리의 연약함과 그들의 연약함을 통해서 이웃들에게 자기 자신을 알리실 것이다.[20]

로즐린과의 결혼식날

로즐린과 함께

"1982년 부활 주일에 로즐린에게 전화를 해서 내 결정을 말해 주었다.
결혼을 하지 않는 것이 더 큰 죄이고, 결혼을 하지 않는 것은 하나님이 내게 주신
그녀라는 선물을 거절하는 것이라고 말했다. 그리고 나는 전화상으로 물었다.
나와 결혼해 주겠냐고. 로즐린은 '예, 브레넌, 그럴게요'라고 대답했다.
지금도 그 대답이 내 뇌리에 남아 있다."

악명 높은 죄인들

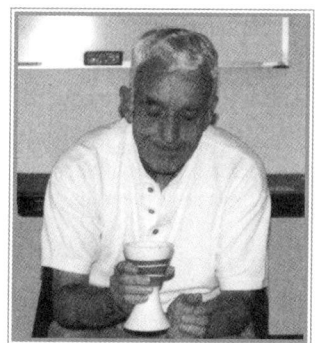

악명 높은 죄인들 모임에서 성찬을 준비하며

"우리의 첫 만남은 아름다움 그 자체였다. 요즘에는 투명성과 연약성을 지향하는 경향이 있지만 당시에는 그렇지 않았다. 혹 있다 해도 드물었고, 남자들 사이에서는 특히 그랬다.

지금도 이 그룹은 남자들이 서로 마음을 열고, 듣고, 기도하고, 성찬을 할 수 있는 안전한 장소다. 이들은 최고의 의미에서 지성소다."

제3부

나

18

 4월에 나는 77세 생일잔치를 했다. 내가 살면서 한 일이 내 삶을 규정하느냐고 묻는다면, 나는 "그렇지 않다"고 대답할 것이다. 그것은 내 죄를 축소하거나 내 성공에 대해 겸손해 보겠다고 하는 말이 아니다. 인생의 겨울이 되어서야 은혜를 깨닫는 경우가 많다는 것을 확언하기 위해서 하는 말이다. 겨울은 냉혹하지만 위로가 되기도 한다. 나는 예나 지금이나 내 행실의 총합 이상이다. 그래서 하나님께 감사한다.

 복음 전도자로서 내 소명을 완수했느냐고 묻는다면, 나는 "그렇지 않다"고 대답할 것이다. 이 대답에 죄책감이나 수치심은 없다. 더 큰 진실을 증언하기 위한 대답이고, 마찬가지로 이것도 내 말년에 더 분명하게 보게 된다. 내 소명은 가족과 친구와 술과 예수님과 로즐린과 악명 높은 죄인들로 가득한 삶으로의 소명이다. 늘 그랬다.

순조롭게 노년기로 접어들고 있느냐고 묻는다면, 나는 "그렇지 않다"고 대답할 것이다. 그것은 정직한 답변이다. 나이가 들면 가고 싶지 않은 곳으로 이끌림 받는 경우가 많다는 것은 사실이다. 때로 그런 지혜는 말이 안 된다고 생각되기도 하지만, 하나님은 우리 인생의 말년이 인생의 초년과 충격적일 정도로 비슷하도록 정하셨다. 다시 의존하는 어린아이처럼 되는 것이다.

마침내 하나님이 나를 있는 그대로 사랑하시도록 하느냐고 묻는다면, 나는 "그렇지 않지만, 노력하고 있다"고 대답할 것이다.

뉴저지의 벨마는 '아일랜드의 피한시'라고 불렸다. 부유한 뉴욕 사람들이 해안을 따라 차를 타고 내려와서 모래사장과 파도 속에서 회복이 되곤 했다. 여름을 위한 휴양지였던 셈이다. 그러나 지금은 그렇지 않다. 1년 내내 자그마한 집들과 해변에 깔아 놓은 판자 길에는 사람이 끊이지 않는다. 벨마와 그 주변으로 거주민이 가득하다. 나도 그중 한 사람이다. 내 아파트는 길에서 좀 떨어져서, 현관이 있고 플라타너스 나무가 있는 아름다운 고택 뒤편에 자리 잡고 있다. 내 거주지는 거의 가려져 있다. 그리고 아주 실제적인 의미에서 요즘은 나도 그렇다.

2008년에 다시 강연 사역을 시작하려고 잠시 노력했던 적이 있다. 내 좋은 친구 필 앤더슨의 도움으로 시도해 보려고 했다. 정말로 절실했던 시기에 필은 나를 지지하고 격려해 주었다. 예정된 주말이 오면 우리는 서로 강연 책임을 나누어졌는데, 내가 필에게 더 많이 기대었다. 40년 이상 그랬던 것처럼, 강연하고 이동하고 하는 것 아니면 나는 무엇을 해야 할지를 몰랐기에 노력을 해볼 수밖에 없었다. 잠시 그렇게 다시 시도를 해보기 전에 나는 두 차례 넘어진 적이 있었다. 한 번은 은유적으로, 그리고 또 한 번은 문자적으로였다. 이 무너짐은 필과의 공동 강연 약속을 완전히 새로운 영역으로 가져갔다. 그동안 다져진 우정이 가장 빛을 발하게 되는 그러한 영역이었다.

2009년 3월에, 나는 노스캐롤라이나의 샬롯에 있는 어느 교회의 꽉 찬 청중 앞에서, 늘 해오던 대로 내 특유의 인사말과 함께 유대인 농담으로 강연을 시작하려고 했다.

아시시의 프랜시스가 옴브리아로 가는 길에 도미니크 형제를 만났을 때 했던 말을 빌려 인사드립니다.……

어느 날 재단사 앨런이 길을 가다가 은행원 모이샤를 만나서 어디를 가느냐고 물었습니다.

"회당에요." 모이샤가 제정신이 아닌 얼굴로 대답했습니다.

"왜요?"

"랍비랑 할 이야기가 있어서요."

"왜 랍비랑 할 이야기가 있는데요?" 앨런이 물었습니다.

"아, 아주 끔찍한 일이 생겼어요! 아들이 그리스도인이 되었어요." 모이샤가 말했습니다.

"오, 모이샤, 내가 아주 우스운 이야기 하나 해줄게요. 내 아들도 그리스도인이에요!" 앨런이 말했습니다.

두 사람은 회당에 도착해서 문을 열었습니다. 그러자 랍비가 나와서 물었습니다. "모이샤, 앨런, 무슨 일입니까?"

앨런이 말했습니다. "우리 집안에 재난이 닥쳤어요. 아들들이 다 그리스도인이 되었어요."

"내 시무실로 들어오세요!" 랍비가 말했습니다. "문을 잠가요."

한참 뜸을 들인 후에 그가 고개를 들더니 말했습니다. "내가 아주 우스운 이야기 하나 해줄게요. 내 아들도 그리스도인이에요."

"아니, 이런!" 앨런이 말했습니다.

"우린 끝이에요!" 모이샤가 말했습니다. "이제 우린 어떻게 해야 하나요, 랍비? 당신은 답을 주는 사람이잖아요!"

"그래요, 무언가는 해야지요." 랍비가 말했습니다. "나랑 함께 갑시다."

그래서 그들은 회당을 성큼성큼 가로질러 지성소로 들어갔습니다.

랍비가 말했습니다. "무릎을 꿇으세요. 그리고 입을 다무세요. 내가 기도할게요. 야웨, 아브라함의 하나님, 이삭의 하나님, 야곱의 하나님, 이스라엘의 하나님, 선지자들의 하나님, 도대체 무슨 일입니까? 유대교가 망하고 있습니다. 모든 사람이 그리스도인이 되고 있습니다! 야웨시여, 말씀하소서. 야웨시여, 음성을 들려주소서."

한참의 침묵이 있은 후에 마침내 하나님이 말씀하셨습니다. "그런데 내가 아주 우스운 이야기 하나 해주겠다……."

이 이야기를 할 수 **있어야** 했다. 그런데 말문을 열고 나서 잠시 후 머릿속이 까매졌다. 내 친구 메리 마이클 오쇼네시(Mary Michael O'Shaughnessy)의 모토―'오늘은 나를 강요하지 않으리라'―를 수년간 설교한 사람으로서 그날 저녁만큼은 그 강요마저 아쉬웠다. 그 부분을 이야기할 수 있어야 했는데 그렇게 하지 못했다. 그저 애를 쓰며, 절박하게 애를 쓰며 거기에 서 있었다. 그러나 아무것도 떠오르지 않았다. 기억이 나지 않았다. 한 번도 그런 적이 없었다. 나는 청중을 바라보며 나를 위해 기도해 달라고 부탁했다.

그런데 아주 우스운 이야기 하나를 해야겠다. 아주 긴, 어색한 침묵이 흐른 후에 청중은 나를 놀라게 했다. 그들이 기립박수를 쳐 주었던 것이다. 내 침묵을 그들은 인정해 주었다. 그것 또한 한 번도 없는 일이었다. 사람들로부터 그렇게 진심 어린 연민을 받아 본 적이 없었던 것 같다. 나는 방으로 돌아가서 쉬었다. 다음날 나는 다시 원래대로 돌아가서 마치 아무 일도 없었던 것처럼 예정된 시간을 채울 수 있었다. 그러나 무슨 일이 있었다. 그곳 샬롯에 모인 사람들이 어두운 금요일 밤에 대해서 어떻게 생각하는지 나는 전혀 모른다. 나 자신도 그것에 대해서 어떻게 생각하는지 확실히 모르겠다. 다만 그것은 나를 무섭게 했다.

그 주말이 지나고 집으로 돌아오는 길은 정신적 외상 그 자체였다. 시력에 심각한 문제가 있었던 나는 뉴올리언스 공항 에스컬레이터에서 넘어졌고, 그리면시 어깨뼈와 갈비뼈가 부러졌다. 내 어두운 금요일의 끄트머리에서 경험한 그 엄청난 통증은, 벨마처럼 브레넌 매닝도 더 이상 여름 휴양지가 아님을 말해 주었다.

환상을 잃는 것은 힘든 일이라고, 왜냐하면 우리는 환상에 의지해서 살기 때문이라고 나는 수도 없이 말했다. 암이 우리를 쓰러

뜨리기 전까지는 자신이 천하무적이라고 생각한다. 혹은 계단에서 굴러 떨어지기 전까지는 복귀가 가능하다고 생각한다. 하나님은 그 거짓을 다 벗겨 내신다. 왜냐하면 벌거벗은 채 진리 속에서 사는 것이 옷을 입고 환상 속에서 사는 것보다 낫기 때문이다. 지난 몇 년간은 내가 한 번도 경험해 보지 못한 '벗김'의 시간이었다. 내게 남은 것이라고는 이제 누더기밖에 없다. 부랑아 복음을 전한 사람에게 제법 어울리는 모양새라고 하겠다. 전에는 내가 어땠는지 몰라도 지금은 확실히 부랑아다. 부랑아에게 하나님의 이름은 자비 그 자체다. 혹은 현재 내 인생의 언어로 말한다면, 도움이다.

요즘은 내가 바지와 셔츠를 입으려고 해도 누가 도와주어야 한다. 페퍼로니 피자 한 조각이나 아이스크림을 먹고 싶어도 누가 도와주어야 한다. 화장실에 가려고 해도 도움이 필요하다. 뉴욕 양키스 게임을 보다가 볼륨을 높이려고 해도 도움이 필요하다. 약을 먹거나 다이어트 콜라 캔을 열려고 해도 도움이 꼭 필요하다. 밤에 잠자리에 들려고 해도, 도움. 아침에 일어나려고 해도, 도움. 오후에 낮잠을 자려고 해도, 도움. 이 책을 쓰려고 해도, 도움. 카를로 카레토는 이렇게 썼다. "우리가 기도하는 그것이 바로 우리다." 요즘은 쉬지 않고 기도하는 날을 살고 있다. "나 좀 도와주세요! 나를 불쌍히 여겨 주세요!" 그러면 나를 무척 좋아하시는 아버지께서는 그렇게 해주신다.

여동생 제리와 그 남편 아트 외에 나를 도와주는 사람이 또 있다. 내가 2009년에 벨마로 돌아온 이후로, 이 모든 일을 해주는 사람이 있다. 이것이 내가 바라던 바인가? 아니다, 결코 그렇지 않다. 내 맘대로 할 수 있다면, 나는 지금도 미시시피 강이 흐르는 뉴올리언스에 있을 것이고, 친구들과 함께 알제리의 수도에 가 있을 것이다.

나를 돌봐주는 사람의 이름은 리처드다. 우리는 날마다 CNN 뉴스를 듣고, 계절에 따라서 뉴욕 양키스나 닉스의 경기를 본다. 그는 평범한 핫도그를 만들어 주고 물이나 다이어트 콜라를 근처에 늘 준비해 준다. 밤에 문을 잠가 주고 아침에 열어 준다. 나는 집에서 몇 차례 비틀거리다가 넘어졌고, 그러면 그는 부모가 하듯 늘 나를 일으켜 세워서 먼지를 털어 주었다. 그는 시간에 맞춰 나를 약속 장소에 데려다 준다. 그는 나를 보살피는 사람이 되었다. 나는 이제 내 유년시절 근처로 돌아가 있다. 내가 어려서 간절히 바랐던 방식으로 돌봄을 받고 있다. 그리고 내가 함께 시간을 보낼 수 있는 그 모든 사람 중에서 나와 같은 이름을 가진 사람이 내 친구가 되어 주었다.

친구 리처드와 함께 지내는 요즘 나는 시간이 참 많다. 내가 한동안 생각하지 않았던 것들을 생각해 볼 시간이 많다. 그래서

'당신에게 필요한 마지막 설교'를 하고자 한다. 혹 내가 전에 했던 설교의 흔적들이 보인다면, 그것은 그 흔적들이 있기 때문이다.

19

성경에는 부랑아들이 참으로 많다. 그중에서 나는 한 사람을 간과했는데, 언뜻 보기에 부랑아처럼 보이지 않는다는 자명한 이유에서다. 그의 공적은 영웅답다. 전설적이다. 그러나 생각을 뻗쳐 더 깊이 들여다보니 그가 걸친 누더기 옷이 보였다. 그의 이름은 삼손이다. 나실인의 서약을 한 긴 머리에 강인한 힘을 가진 사람으로서, 구약성경에서 가장 유명한 최후의 사사이며, 맨손으로 사자를 잡고 당나귀 턱뼈로 수많은 블레셋 사람을 잡은 사람이다. 그러나 그의 유명한 인생은 감옥에서 끝이 났다. 머리는 깎이고, 눈은 뽑히고, 나약하고 눈이 멀어서 남에게 의존할 수밖에 없는, 거의 어린아이와 같은 상태가 되었다. 삼손이 당한 마지막 조롱은, 다곤 신의 연회에서 사람들의 눈요깃거리로 성전 기둥에 묶여 있는 것이었다. 그러나 보이는 것이 전부가 아니었다. 그날 모인 블레셋 사람들이 더 자세히 보았다면, 이 부랑아의 머리에서 길어지기 시작하는 그림자를 눈치챘을 것이다. 그의 머리카락이 다시 자라기 시작했고 따라서 그의 힘도 돌아오기 시작한 것이다. 이스라엘의 하나님에 대한 최후의 증언으로서 삼손은 사슬을 잡아서 끌어당겼다. 그리고 말 그대로 그 집을 무너뜨렸다.

나도 내게 남은 힘을 가지고, 사슬을 붙잡고 마지막으로 당겨 보고 싶다. 언제나 그렇듯, 내 소망은 너무 좋아서 믿어지지 않는 내 아바 하나님을 가리키는 것이다. 참으로 많은 사람을 가두고 있는 두려움의 집을 영웅적으로 무너뜨리겠다는 망상은 없다. 내 갈망은 증언하는 것일 뿐, 다른 것은 아무것도 없다. 50년이 넘게 변하지 않은 내 메시지는 이것이다. "하나님은 당신을 조건 없이 사랑하십니다. 마땅히 되어야 하는 당신이 아니라, 있는 그대로의 당신을 사랑하십니다. 왜냐하면 마땅히 되어야 하는 모습을 갖춘 사람은 아무도 없기 때문입니다." 이것은 은혜의 메시지이고, 1956년 2월에 내 마음이 경험한, 인생을 뒤흔드는 선물이다. 그리고 이제 2011년 2월에 여전히 깨어진 채로 있는 내게 생명을 유지시켜 주는 선물이다.

어떤 사람들은 내 메시지를 '값싼 은혜'라고 불렀다. 젊은 시절에, 그러한 비난은 내게 도전장이었다. 그러나 이제 나는 늙었고, 그런 말에 신경 쓰지 않는다. 내 친구 마이클 야코넬리는 '불공정한 은혜'(unfair grace)라는 표현을 썼는데, 마음에 드는 말이다. 하지만 내가 당신에게 남기고 싶은 또 다른 표현을 만나게 되었다. 마이클도 좋아할 것이라고 생각한다. 나는 마음에 든다. 성공회 신부 로버트 패러 케이폰(Robert Farrar Capon)의 글에서 발견했는데, 그는 그것을 '천박한 은혜'(vulgar grace)라고 불렀다.

예수님을 통해서 하나님은 종교 가게에 '낚시하러 갔습니다'라는 표지판을 세웠다. 예수님 안에서 모든 일을 단번에 다 해결하시고 그냥 그것을 믿으라고 우리를 초대하셨다. 그분을 통해서 이 땅에 있는 모든 사람이 아무런 종교적 노력 없이 이미 자유를 얻어 집에 가 있다고 하는, 이상하고 증명할 수 없는 제안을 믿으라고 하신다. 무릎이 꺾일 때까지 금식을 할 필요도 없고, 바르게 드리지 않으면 큰일 나는 기도도 없고, 거꾸로 서서 오른손 엄지를 왼쪽 귀에 넣고 바른 신조를 암송할 필요도 없다. 아무것도 필요 없다.……그리스도의 신비로 모든 것이 다 바로잡혔다. 비록 개선된 것이 하나도 보이지 않는다 하더라도 말이다. 그렇다, 미친 일이다. 그리고 맞다, 그것은 터무니없고, 말도 안 되고, **천박하다**. 그런 일을 하는 하나님은 취향이 형편없는 하나님이시다. 게다가 무엇보다도 별 가치가 없다. 그러나 그것은 '좋

은 소식'이다. 유일하게 영원히 좋은 소식이다. 그래서 나는 거기에 완전히 사로잡혔다.[21]

내 인생은 천박한 은혜에 대한 증언이다. 불쾌하기도 하고 놀랍기도 한 은혜다. 하루 종일 아주 열심히 일한 사람이나 5시 10분 전에 술에 취해 씩 웃으며 나타나는 사람에게 같은 임금을 주는 은혜다. 긴 옷을 치켜들고 죄의 악취가 풍기는 탕자를 향해 정신없이 달려가서 그를 새 옷으로 감싸고 '만약에, 그래도, 하지만' 이런 것 없이 무조건 잔치를 열기로 하는 은혜다. 죽어 가는 강도가 "나를 기억하소서"라고 간청하는 말에 충혈된 눈을 치켜뜨고 "당연하지!"라고 확신시켜 주는 은혜다. 그리스도 예수, 목수 메시아로 육신을 입으신, 아버지의 기쁨인 은혜다. 그분은 하늘을 위해서가 아니라 우리를 위해서, 당신과 나를 위해서 아버지의 곁을 떠나서 오셨다. 이 천박한 은혜는 무분별한 연민이다. 우리에게 아무것도 요구하지 않는다. 그것은 값싼 것이 아니다. 공짜다. 그래서 정통파에게는 늘 미끄러지는 바나나 껍질일 것이고 어른의 감성에는 동화 같은 이야기일 것이다. 은혜가 덮어 줄 수 없는 무엇이나 혹은 누군가를 찾으려고 아무리 있는 힘을 다해 헉헉거려도, 그 은혜로 충분하다. 은혜만으로 충분하다. 그분으로 충분하다. 예수님으로 충분하다.

예수님이 사랑하신 제자 요한은 자신의 첫 번째 편지를 다음의 말로 마쳤다. "자녀들아, 너희 자신을 지켜 우상에게서 멀리하라." 다시 말해서 이해할 수 있는 신에게는 가까이 가지 말라는 뜻이다. 아바의 사랑은 이해할 수 없다. 다시 한번 말한다. 아바의 사랑은 이해할 수 없다.

20

나 스스로에게 종종 이 질문을 던졌다. '정신을 잃어서 자기 어머니의 장례식을 놓칠 지경으로 술을 마시게 만든 것은 무엇일까?'

내게는 그것이 아주 큰 문제처럼 보였다. 그러나 나중에 깨달았다. 진짜 질문은 그것이 아니었다. 그 이면에 또 하나의 질문이 있었다. 나의 다른 모든 질문을 형성하고 그것에 영향을 미치는 더 중요한 질문이 있었다. 얼마 전에 내가 쓴 글 뭉치 가운데서 자그마한 노란 종이 하나를 보게 되었다. '윌리 후안 선교회'(Willie Juan Ministries)라는 글씨가 인쇄되어 있었고, 그 아래에는 내 글씨로 다음과 같은 질문 하나가 적혀 있었다.

"신뢰하는 마음을 보여 주는 숨길 수 없는 표시는 무엇일까?"

내가 언제 그것을 적었고 무엇 때문에 그 질문이 촉발되었는지는 기억나지 않는다. 그러나 부랑아 평생의 궁금증의 증거로 거기에 그렇게 적혀 있었다. 그에 대한 내 대답은 이렇다. 토마스 머튼(Thomas Merton)의 말을 빌린 대답이다. "그리스도를 이 세상에 오게 한 '예'(Yes)이다."

신뢰하는 마음은 용서받은 마음이고, 따라서 용서한다.

2003년 11월에 한 경험 때문에 나는 그것이 진실이라는 것을 안다. 어머니가 돌아가시고 거의 10년이 다 되었을 때였다. 다른 것들에 대해서 기도하고 있는데, 어머니의 얼굴이 내 생각의 창으로 휙 지나갔다. 나이 든 어머니나 할머니처럼 지친 얼굴이 아니라, 어린아이의 얼굴이었다. 여섯 살짜리 소녀인 어머니가 몬트리올에 있는 고아원 창턱에 무릎을 꿇고 있는 모습이 보였다. 코를 유리창에 바짝 밀어붙이고 있었다. 그 아이는 자신을 데려가서 조건 없이 사랑해 줄 엄마 아빠를 보내달라고 하나님께 간절히 기도하고 있었다. 그 모습에서 나는 마침내 어머니를 보았다고 생각한다. 어머니도 부랑아였던 것이다. 그러자 나의 모든 분노와 화가 사라져 버렸다.

그 여자아이는 몸을 돌려 나를 향해 걸어왔다. 내게 점점 더 가까워지자, 세월이 흘러서 나이 든 여인의 모습으로 내 앞에 섰다. 그녀는 말했다. "네가 어릴 때 내가 참 잘못한 게 많았다. 하지만 넌 그런대로 잘 자랐어." 그리고 어머니는 살아 계셨을 때 단 한 번도 하지 않은 일을 내게 하셨다. 내 입술과 양 뺨에 입을 맞추신 것이다. 그 순간 나는, 어머니와 나 사이의 상처는 진짜였고 내 인생의 문제가 되곤 했지만, 이제는 괜찮다는 것을 알았다. 신뢰하는 마음은 또 한 번의 기회를 준다. 그것은 용서받은 마음이고, 따라서 용서한다. 나는 어머니를 보고 말했다. "어머니를 용서해요." 어머니는 웃으면서 말했다. "때로는 구한 대로 얻기도 하는구나."

덧붙이는 말

내가 브레넌 매닝의 인생길에 들어선 것은 그의 나이가 많이 들어서였다. 전성기의 매닝을 아는 사람들은 내게 한결같이 "그때 그를 알았더라면 참 좋았을 텐데"라고 말했다. 나도 아쉽다. 그러나 나는 그때 그를 만나지 못했고, 만약 그때부터 그를 알았더라면 선입견이나 편향됨 없이 그의 회고록 집필을 돕지 못했을 수도 있다. 알 수 없는 일이긴 하다. 나도 정말이지 그때 그를 알았더라면 싶다.

그의 매부인 아트 루비노는 내게 이렇게 말했다. "그가 영향을 미친 사람 하나하나마다 1달러씩 모았다면 우리는 전부 아카풀코 휴양지에서 일광욕을 하고 있을 겁니다." 아트의 말이 맞다. 그의 사역에 대한 넘치는 증언은 청중 앞에 서서 무슨 말을 해야 할지 기억을 못했던 그날 저녁으로 가장 잘 요약될 수 있다. 그날 사람들은, 덧대어 기운 바지와 누더기 옷 같은 그의 인생이, 그의 죄와 우리 모두의 죄를 합한 것보다도 더 큰 은혜를 보여 주는 상징이 되어 버린 이 사람을 위해서 일어나 박수를 쳤다. 그러나 그날 저녁은 또한 '희미한 거울'을 대변하기도 한다. 그는 우리를 향한 하나님의 격렬한 갈망과 아바 체험에서 오는 기쁨을 설교하고 가르쳤지만, 그 메시지가 정작 자기 자신에게는 잘 포착되지 않는 때가 많았기 때문이다. 브레넌에게도 밝은 아침과 빛나는 오후가 있었을 것이라고 분명히 믿지만, 어두운 밤들도 아주 많았다. 설교자는 자신에게 가장 필요한 메시지를 설교하는 것인지도 모르겠다. 내 친구 브레넌의 경우는 그랬다고 생각한다. 그의 메시지가 우리에게도 가장 필요한 메시지였다는 것은 덤이다. 혹은 브레넌이 가장 좋아하는 케이즌어(Cajun, 프랑스인 후손으로 주로 미국 루이지애나에 모여 사는 사람들이 쓰는 프랑스어 고어의 한 형태—옮긴이)로 말하자면 '래네프'(lagniappe), 즉 공짜다. 은혜다.

나이가 들수록, 인생의 많은 부분이 타이밍과 관련 있다는 것을 알게 된다. 브레넌의 인생으로부터 영향을 받은 많은 사람들에게 나는 그 단어를 언급했다. 그의 메시지가 알맞은 때에, **카이로스**(kairos)로 왔다는 것을 말하기 위해서다. 그 말에 그들은 전부 늘 그렇게 생각했지만 말로 표현하지 않았다는 듯, 즉시 동의했다. 그런 면에서 브레넌은 산파와도 같은 역할을 했다. 오늘

혹은 처음 「아바의 자녀」를 읽었을 때, 또는 인생을 바꾸었던 그 영 라이프 리트릿에서, 우리 안에 그리스도가 태어나도록 그는 도왔다. 그가 계속해서 두드린 하나님의 조건 없는 사랑이라는 북은, 많은 사람들이 종교와 교회에 대해서 그리고 어쩌면 가장 중요하게는 우리 자신에 대해서, '진절머리'가 났을 때 들려왔다. 우리는 해방되기를 갈망하는, 지치고 불쌍하고 자기를 미워하는 무리였는데, 누더기 옷을 입은 설교자가 나타나서 씩 웃으며 말했다. "이미 다 이룬 겁니다. 아바가 당신을 사랑하십니다. 가서 초콜릿 아이스크림이나 같이 먹읍시다."

브레넌은 책 읽는 것을 무척 좋아했고, 그래서 독서를 하다가 발견한 이야기들을 자신의 책과 강연에 많이 썼다. 그 이야기들은 이 세계에 침입한 은혜에 질감을 더하는 이야기들이었다. 그리고 같은 정신에서 나는 켄트 마이어스(Kent Meyers)의 소설 「뒤틀린 나무」(Twisted Tree)에 나오는 장면 하나를 여러분과 나누고 싶다. 비록 매닝이 그 소설을 읽지는 않았지만, 나는 브레넌 매닝의 정수에 경의를 표하는 내용이라고 생각한다.

내가 나누고 싶은 부분은 주인공 갈렙이 사고 현장과 마주치게 되는 장면인데, 자동차가 뒤집어져서 철조망에 끼어 있었다. 세 명의 순찰 경찰관이 자동차 근처에 서 있고, 그들 사이에 누군가가 방수포 밑에 누워 있었다. 갈렙은 멈추고 싶지 않은 생각이 들었지만 그래도 멈추었다. 갈렙이 예전에는 신부였는데, 어떤 여인과 사랑에 빠져서 사제복을 벗었다. 이제 그는 목장에서 일하는 사람이었다.

   북미 원주민 여성이 안전벨트를 착용하지 않고 차를 몰다가 자동차 밖으로 튕겨져 나와서 당한 사고였다. 한 순찰 경찰관이 구급차가 곧 도착할 것이라고 하자, 갈렙은 돌아서서 가려고 했다. 자신이 할 수 있는 일이 더 이상 없었기 때문이다. 그가 가려고 하는데 순찰 경찰관 중 한 사람이 "저 사람 예전에 신부였는데"라고 속삭였다. 그 말과 함께 분위기가 달라졌다. 또 다른 목소리가 들리면서 상황은 활기를 띠었다. 여성의 목소리였다. "신부라고요?" 다친 여성이 고해성사를 할 기회를 달라고 했다. 갈렙은 그 여성의 관심을 돌리려고 했지만 그녀는 완강했다. 그 장면은 이렇게 이어진나.

   "한 번 신부이면, 영원히 신부이지요.……지울 수 없는 거예요." 그녀가 말했다.

   나는 그 말의 의미를 알 것 같았다. 성례전으로 영혼은 각인되고 그 각인은 아무것으로도 지울 수가 없다. 어떠한 실수나 범죄도, 생각이나 말이나 행위도. 그리고 내게 주어진 능력은 그대로 남아 있었다. 신념에 상관없이…….

모든 것이 은혜다

나는 20년이 넘게 거룩하다는 느낌을 가져 본 적이 없었고, 성스러운 물건을 만지려면 성스러워진 손을 필요로 한다는 옛 교훈을 너무도 잘 알았다.……그러나 나는 스스로에게 말했다. 말할 수밖에 없었다. 인간이 하는 그 어떠한 일로도 혹은 인간이 믿지 않는다 하더라도 은혜는 약화될 수 없다고. 은혜는 우리 때문이 아니라, 우리임에도 불구하고 계속해서 흐르는 순수한 것이라고.

갈렙은 머리를 숙였고 그들은 그 오래된 익숙한 말을 시작했다. 깨어진 여인은 자신이 해야 할 말을 하고, 깨어진 신부는 속죄 행위를 부과함으로써 그녀의 고통을 정리해 주었다. 갈렙은 용서와 축복의 말로 마쳤다.

"필라마야"(*pilamaya*). 내가 말을 마치자 그녀가 말했다.[22]

이탤릭체로 된 '필라마야'라는 단어는 북미 원주민 언어 중 하나인 라코타어(Lakota)다. 그 뜻은 '감사합니다'이다.

브레넌은 우리의 가장 깊은 갈망을 끈덕지게 상기시키는 일을 멈추지 않았다. 그 은혜, 우리를 향한 하나님의 조건 없는 사랑은 우리 때문이 아니라 우리임에도 불구하고 계속해서 순수하게 흐른다는 사실을 말이다. 그는 우리에게 신부였고, 그래서 우리의 고통을 분명하게 정리해 주었다. 한 번 신부는 영원한 신부다. 그러나 그는 또한 깨어진 사람이었고, 우리 모두처럼, 용서받고 축복받기를 반복했다.

브레넌, 고마워요.

존 블레이스(John Blase)

편지들

나(존)는 2010년 8월에 콜로라도의 베일에서 악명 높은 죄인들과 같이 만날 수 있는 특권을 누렸다. 브레넌은 참석하지 못했지만 그의 정신은 확실히 그 자리에 있었다. 나는 서로 다른 나이와 배경을 가진 이 사람들을 곧바로 좋아하게 되었다. 그들은 은혜를 내뿜고 있었고, 지나온 세월 동안 그것을 아주 잘 배웠던 듯하다. 나는 그들에게 이 책을 위해서 '브레넌에게'라는 편지를 써서 내게 보내 달라고 청했다. 어떤 기준에 맞춰 편지를 써야 하냐고 그들이 묻자 나는 말했다. "규칙은 없습니다." 그 말에 그들은 아주 흡족해 하는 것 같았다.

그리고 기억하게, 내 감상적인 친구여,

마음은 자네가 얼마나 사랑하느냐가 아니라,

자네가 다른 사람들로부터 얼마나 사랑받느냐로 판단된다는 것을.

L. 프랭크 봄(Frank Baum)

브레넌에게,

우리가 처음 만난 것은 내가 의료 교육을 지속하는 그리스도인 의료 치의학 협회(Christian Medical Dental Society Continuing Medical Education) 프로그램의 책임자였을 때, 수양회의 영성 지도자로 당신이 케냐에 왔을 때이지요. 그 프로그램은 지금도 그렇지만 선교사 의사와 치과의사들에게 평생교육 학점을 주는 프로그램입니다. 나는 당신의 강연 테이프 몇 개를 들었고 당신을 만나서 무척 기뻤지요. 프로그램 책임자로서 내가 맡은 일 덕분에 나는 나이로비에서 한 시간 정도 떨어져 있는 브라큰허스트 침례교 수양회관에 있는 내 옆방에 당신 방을 잡았습니다. 당신이 아프리카로 오는 것을 두려워했다는 사실에 놀라고, 둘이 안 지 하루밖에 안 되었는데 그것을 내게 편안하게 이야기했다는 사실에 놀랐던 기억이 납니다.

선교사들은 여러 교단과 본국의 후원회를 통해 왔지만 그중에서도 가장 많은 사람이 국제 선교 이사회(International Mission Board) 소속이었고, 그것은 일면 당연했지요. 우리 협회 이사회 회원들 중 일부는, 가톨릭 선교사들이 얼마 되지 않은 이 그룹을 인도할 사람으로 변절한 프란체스코회의 결혼한 신부를 부르는 것에 반대했습니다. 그러나 선교사들은 당신의 부랑아 메시지를 마치 물 트럭으로 몰려드는 난민들처럼 붙잡았습니다. 심오한 진리와 시적 자유를 혼합한 당신의 메시지를 통해서 배고픈 목자들이 꿀을 먹고 치유자들 자신이 치유가 되었습니다. 정말로 대단한 시간이었습니다. 당신이 저녁 예배를 인도하는 때가 아니면, 선교사들은 끊임없이 찾아가 당신과 개인적인 시간을 갖게 해달라고 간청했지요. 동트기 전 새벽에 당신은 서너 명의 가톨릭 신자들과 나를 초대해서 성찬식을 같이 하자고 했습니다. 당신이 아프리카로 가져온 단 하나의 작은 가방을 제법 꽉 채웠던 커다란 초를 보고 깜짝 놀랐던 기억이 납니다. 그 초를 켜고 고대의 의례를 따라 기도하는 우리의 목소리가 그 불빛에 섞이면서 나는 우리 주님과 완전히 새로운 차원의 친밀감을 경험했고, 종교 개혁가들이 성례전 중에서 이 부분을 고수한 것은 잘한 일이라는 생각이 들었습니다.

곧 우리 모두는 아프리카를 떠나 집으로 갔고, 나는 루이빌에서 신시내티까지 차를 몰고 가서, 리트릿 주말의 끝을 그곳에서 당신과 함께 식사하는 것으로 마무리했습니다. 식사하는 동안 당신은, 그룹 역동에 관심이 있는 정신분석학자인 내게, 10명에서 14명 정도의 그리스도인 남자들을 한 그룹 모아서 함께 나누고 서로를 위해서 기도하는 한 주간을 보내는 것에 대해서 어떻게 생각하느냐고 물었습니다. 당신이 인도한 다른 주말 기도 리트릿과는 달리 이번에는 대부분 서로는 모르고 당신만 아는 남자들로 구성할 예정이라고 했습니다. 우리는 주말에 만나기로 했습니다. 그리고 당신이 강연을 하면서 만난 사람들 가운데서 참가자들을 뽑기로 했지요. 나는 한번 시도해 볼 만하다고 생각했습니다. 나는 도울 수 있는 대로 돕겠다고 했고, 그날 저녁의 만남이 시초가 되어 당신은 걸프쇼스에서 처음 만나게 될 사람들을 초대했습니다. 알다시피, 그것은 단 한 번으로 끝날 모임이었습니다. 그러나 끝날 무렵, 우리는 전부 다음 해에 한 번 더 하기를 원했지요. 그리고 지금의 우리가 있게 되었습니다.

밥 드림

브레넌,

당신이 보고 싶고 당신을 사랑해요. 당신의 글과 우리의 개인적 관계를 통해서 하나님이 어떻게 우리 삶에 당신을 사용하셨는지 알 겁니다. 지금 이 시기에 우리가 당신과 함께하고 있고 계속해서 당신을 위해 기도하고 있다는 것을 알기를 바랍니다. 당신의 지도가 하나님에 대한 그리고 하나님이 우리를 어떻게 대하시는지에 대한 우리의 인식 전체에 큰 영향을 미쳤습니다. 당신이 우리 삶에 들어와서 그 개념을 보여 주지 않았다면 하나님을 우리의 아바로 보는 것이 가능하지 않았을 겁니다. 우리는 또한 당신으로부터 처음 들은 훈련을 통해서 '작고 세미한 음성'을 듣는 법을 배웠고, 그래서 지금 이 좋은 자리에 있게 되었습니다.

감사드리고 하나님의 복을 빌며,

부치와 수지

브레넌에게,

하나님이 당신에게 너무 가혹하지 않기를 날마다 기도하고 있습니다. 그러나 하나님이 사랑으로 돌보는 사람들과 함께 당신을 안전한 자리에 두신 것에 감사드립니다. 당신이 나와 롤리에게 주었던 거의 기적에 가까운 도움을 생각하면 감사가 절로 넘칩니다. 하나님의 섭리로 당신이 가톨릭교회에서 쫓겨나 우리 집으로 오게 되지 않았다면, 내 사랑하는 롤리는 결코 알코올 중독에서 벗어나지 못했을 겁니다! 그리고 롤리가 치료를 받으러 돌아갔을 때 우리 집에서 미사를 드렸던 때를 어떻게 잊을 수 있을까요. 그때 당신은 롤리가 자기 방에서 성찬을 할 수 있도록 작은 조각을 낸 베이글을 축성해 주었지요. 그때 내 빵 상자에 남아 있던 베이글은 다 곰팡이가 폈는데 **롤리의 서른 조각은 전혀 영향을 받지 않는** 기적을 하나님은 행하셨습니다! 어떤 영문인지는 당신이 생각해 보세요! 알다시피 롤리는 25년 넘게 과도하게 술을 마셨고 그동안 몇 차례 재활센터에 들어갔었는데, 결국 그 질병으로 죽을 운명인 것만 같았습니다. 그러나 당신이 방문을 하고 롤리가 다시 해보겠다고 한 결과, 그 후로 25년간 롤리는 술을 마시지 않았습니다. 그 25년은 나와 롤리 그리고 아이들에게 천국의 시간이었습니다!

당신도 그 '애물단지'와 씨름한 사실을 숨기지 않았습니다!

당신에게 직접 말하기도 했지만, 마귀가 당신을 특별한 표적으로 삼아서 술을 무기로 사용했다고 나는 믿어요! 브레넌 형제, 마귀는 당신을 두려워하고 있어요! 술이 없었다면 당신이 어떻게 되었을지, 무엇을 성취했을지 생각해 본 적이 있나요? 그러나 당신이 그랬기 때문에 상처받은 치유자로서 당신은 수많은 우리 죄인들이 당신의 간단한 주문—"하나님은 마땅히 되어야 할 우리가 아니라, 있는 그대로의 우리를 사랑하십니다"—을 통해 그리스도께로 나아갈 수 있도록 도왔습니다.

아내 롤리와 나는 거의 헤어질 지경이었어요. 그토록 자기 파괴적인 사람과 계속 결혼생활을 할 수 있을 것 같지 않았습니다! 하지만 집을 나오거나 변호사에게 전화를 걸기 전에 당신과 상의를 하고 싶었지요. 내가 당신에게 전화를 하자 로즐린은 당신이 로드아일랜드 주 프로비던스에 있는 가톨릭교회로 일주일간 집회를 인도하러 갔다고 했습니다. 그리고 로즐린은 당신이 비행기를 갈아타기 위해서 뉴어크에 들를 것이라고 덧붙였습니다. 그래서 나는 즉시 뉴어크 공항으로 차를 몰고 갔고, 놀랍게도 그 커다란 공항에서 당신을 찾았지요! 나는 당신에게 자초지종을 설명했고, 당신은 현재의 상황에서는 내가 롤리를 떠나도 된다고 했습니다. 롤리가 25년간 술을 마셨으니 말입니다! 그래서 나는 뉴욕의 맨해셋에 있는 우리 집으로 돌아갔지요. 그런데 세 시간 후에 집에 도착해 보니, 롤리가 정신을 차린 채 말끔하게 하고 있었습니다. 오랫동안 보지 못했던 모습이지요. 그리고 롤리가 내게 당신이 저녁식사를 하러 온다고 말하는 것이 아닙니까! 그러니까 당신이 프로비던스에 방문하기로 되어 있던 교회의 보수적인 가톨릭 신자들이 당신이 결혼한 것을 알고는 주교에게 보고를 한 것이지요. 그러자 주교는 당신을 강사로 부르지 못하게 했고요. 그래서 당신은 롤리에게 전화를 걸어 저녁을 먹으러 가고 싶다고 했던 것이고요! 그래서 나는 라구아디아 공항으로 가서 당신을 만나 함께 집으로 왔지요. 롤리는 안주인으로서 정말로 기꺼이 당신을 환영했습니다. 롤리는 당신을 정말 좋아했어요. 저녁식사 후 나는 방으로 가고 당신과 롤리는 밤새도록 앉아서 이야기를 했지요! 롤리가 다시는 재활치료를 받으러 가지 않겠다고 맹세를 한 터였으니, 다음날 아침(일요일)에 롤리가 다시 브런즈윅 병원 재활센터로 돌아가기로 했다고 말했을 때 내가 얼마나 놀랐겠습니까! 그리고 당신은 내게 집에 신경안정제가 있는지 물었지요. 왜냐하면 진정제를 먹지 않으면 롤리가 경련을 일으킬 수 있기 때문이었지요. 나는 집에 그런 것은 하나도 없고 일요일에 그 약을 처방해 줄 의사를 찾을 수도 없다고 했지요! 하지만 나는 친구가 운영하는 동네 약국으로 갔고—그 친구도 롤리에 대해서 잘 알았지요. 알코올 중독자는 숨길 수가 없으니

편지들

247

까요—그는 처방전 없이 신경안정제 세 알을 주었어요(그러다가 면허를 잃을 수도 있는데 말이에요!). 롤리는 그 약을 먹었고 우리는 함께 집에서 동쪽으로 32킬로미터 정도 떨어진 롱아일랜드에 있는 브런즈윅 병원으로 갔습니다. 이미 롤리가 전에 두 번이나 들어갔던 곳이지요.

당신은 나와 함께 맨해셋에서 며칠을 더 머물러 주었습니다. 아침마다 당신은 우리 집 거실에서 미사를 드렸지요. 성찬식 빵으로 쓸 만한 게 갓 구운 베이글밖에 없었어요. 그래서 나는 베이글 위를 얇게 썰어 냈고, 당신은 그것과 포도주스를 그리스도의 살과 피로 축성했지요! 나는 "브레넌, 내가 성체 용기에 담아서 롤리에게 가져갈 수 있게 베이글 서른 조각을 축성하면 신성모독이 될까요? 롤리가 좋아할 거고, 그러면 브런즈윅에 있기로 한 30일 동안 매일 성찬식을 할 수 있을 거예요"라고 당신에게 말했습니다.

그러자 당신은, "좋은 생각이군요! 초대 그리스도인들이 그렇게 했어요. 각자의 가정에 성찬을 가지고 갔지요!"라고 말했습니다. 말할 것도 없이 롤리는 이 신성한 선물을 받고 너무 기뻐했고, 그 성체 용기를 자기 옷장 서랍에 넣고 날마다 축성된 베이글 조각 하나를 먹었지요. 그리고 당신은 며칠 후에 떠났습니다. 그러던 어느 날 아침, 우리 집에서 남은 베이글을 아침식사로 먹으려고 빵 상자를 열어 보았더니 온통 곰팡이로 뒤덮여 있어서 깜짝 놀랐어요! 이 베이글에 방부제가 들어 있지 않기 때문에 냉장고에 넣어야 한다는 것을 잊어버렸던 것이지요. 그날 밤 나는 롤리를 보러 갔고, 그 '모체' 베이글에 대한 슬픈 소식을 전했습니다. 그러자 롤리가 말했어요. "내 성체 용기에는 곰팡이의 흔적도 없고 그 베이글 조각들은 여전히 촉촉하기까지 한데요!" 나는 아무 말도 나오지 않았습니다! 그리고 그 베이글 조각들은 롤리가 브런즈윅에 있는 동안 계속 그런 상태로 있었습니다. 브레넌, 당신은 이 현상을 어떻게 설명할지 모르지만, 나는 기적이라고 부릅니다. 그 다음 이야기는 더 기적적입니다. 알다시피 롤리는 그 후로 계속 알코올 중독자 모임에 나가면서 술을 마시지 않았고, 그렇게 25년이 넘게 술을 마시지 않았지요! 롤리는 2009년 9월 27일에 세상을 떠났어요. 그리고 롤리가 우리에게 선물로 주었던 장기간의 금주는, 나와 아이들이 이생에서 경험한 천국에 가장 근접한 경험일 겁니다.

하나님이 계속해서 당신에게 복을 주시고 당신을 사용하시기를 바랍니다!

사랑을 담아서,

존 피터

브레넌,

80년대 초에 당신이 롱아일랜드에서 있었던 리트릿에서 설교하는 것을 직접 보는 복을 누리기 전에, 나는 이미 당신의 테이프를 두 세트나 들었었지요. 맨해셋에서 그 금요일 밤에 당신의 말을 직접 들으면서 내 인생은 달라졌습니다. 예수님 사랑의 치유의 말이 내 위로 쏟아지면서, 그 테이프를 들으며 치유가 되었던 시간들을 다시 생각나게 해주었습니다. 다음날 우리는 아침 일찍 미사를 드렸지요. 예수님이 사도들과 드렸던 미사가 그런 것이었을 거라고 나는 생각합니다. 나중에 당신은 주말 리트릿 설교를 하러 우리 교구로 왔고 그때 우리 집에서 묵었지요. 당신이 결혼했기 때문에 주교가 당신이 거기에 오는 것을 허락하지 않을까 두려워 우리는 그 리트릿을 광고할 수 없었습니다. 단 한 사람만 나타나도 주님이 그 사람을 거기에 있게 하신 것이고, 나머지는 다 알아서 책임지실 것이라고 당신은 말했지요. 그러나 입소문이 퍼지면서 참석인원은 매일 밤 세 배가 늘었습니다!

그 후로 당신과 함께한 시간은 보물이었습니다. 리트릿하는 동안에 아이스크림을 먹으러 나가고, 각자 결혼생활이 힘든 때에도 계속 연락을 했지요. 악명 높은 죄인들의 모임에 초대를 받는 놀라운 선물은 전국에서 모인 당신의 친구들과 함께 지속적으로 깊은 우정을 발전시키게 된 내 생애 가장 큰 선물이었습니다. 지난 17년간 해마다 모여서 함께 사랑하고, 정직하게 나누고, 지치도록 웃을 수 있었던 것은 큰 축복이었습니다. 당신은 지혜롭게도, 결혼생활에서 힘든 시기를 지나고 있던 형제와 내가 같은 방을 쓰게 했지요. 몇 년 후 그 형제와 그의 새 아내와의 관계를 통해서 내 아내 줄리아를 만났고요. 내가 줄리아와 만난 것이 우리 그룹의 가장 큰 선물 중 하나라고 당신은 종종 농담을 했습니다. 아내와 그리고 우리의 예쁜 두 자녀와 함께 살면서, 나는 당신과의 관계를 통해서 형성된 많은 복된 관계들에 대해서 날마다 생각합니다.

사랑합니다,

존

브레넌,

세월이 흐르면서(우리가 만난 지가 20년이네요) 나는 인생에서 가슴 아팠던 순간들, 소리 소문도 없이 다가와서 모든 것을 바꾸어 버리는 그 경험들에 대해서 갈수록 더 많이 생각하게 됩니다. 당신도 기억하겠지만, 우리의 우정은 특이한 두 통의 전화 통화를 통해서 이루어진 것이었습니다. 나는 친구와 함께 하루를 보냈는데, 그 친구가 떠나면서 내게 테이프를 하나 건네주며 말했지요. "한번 들어 봐. 인생을 바꾸어 놓을 거야." 여러 날 후에 나는 당신이 베스 젤링거(Wes Seelinger)의 책 「서부의 신학」(*Western Theology*)에 기초해서 '개척자와 안주자'라고 제목을 붙인 강연을 듣기 시작했습니다. 나는 브레넌 매닝이 누구인지 전혀 알지 못했지만, 총을 메고 위스키를 마시며 소떼를 끄는 하나님이라는 개념은 내 관심을 끌었습니다. 그래서 나는 당신이 뉴올리언스에 산다고 언급하는 말을 듣고 당신의 집 전화번호를 알아내어 전화를 해서 내 소개를 했지요. 당신이 설명한 그 하나님에 대해서 나는 더 알아야만 했고, 아일랜드 억양이 약간 배어 있는 걸걸한 목소리의 그 사람도 더 알고 싶었습니다. 당신은 "다음 달에 오리건에 갈 텐데 공항에서 강연 장소까지 차를 태워 줄 사람이 필요해요. 그때 이야기합시다"라고 말했지요.

그로부터 4년 후 그리고 그 사이에 포틀랜드 공항을 몇 차례

오가면서, 이번에는 내가 뜻밖의 전화를 받았습니다. 짧은 인사말 후에 당신이 말했지요. "이봐요, 믹, 8월에 나랑 가장 친한 친구들을 주말에 만날 예정인데 당신도 왔으면 좋겠어요." 그 간단한 초대로 악명 높은 죄인들에 평생 헌신하게 되었습니다.

그때 이후로 당신과 나는 친구를 여의기도 하고, 서로의 고백을 듣고, 서로의 어깨에 기대어 울기도 하고 웃기도 하면서 함께 인생의 굴곡을 넘어왔습니다. 단순하지 않고 언제나 엉망진창이지만 결코 지루하지 않았지요. 올해에도 죄인들이 같이 만날 준비를 하면서 간단한 전화 두 통, 짧은 대화, 유머 감각, 그리고 인정사정없는 정직함이 어떻게 사람들을 평생 묶어 줄 수 있는지에 대해서 다시 생각하게 됩니다.

친구, 당신을 사랑해요. 전화벨 소리에 계속 귀를 기울이세요. 그 소리가 결코 멈추지 않기를 바랍니다.

믹

브레넌에게,

우리가 처음 만난 이후로 거의 30년이 흘렀습니다. 그때는 내 인생이나 당신 인생도 제법 보기가 좋았지요. 나는 캐롤라이나에 있는 영 라이프의 지역 책임자였고 하나님과 **함께** 살기보다는 하나님을 **위해서** 정신없이 살았어요. 내 어수선한 개인생활과 번영하는 사역은 나로 하여금 영적 훈련, 영혼의 돌봄, 혹은 온전한 쉼과 놀이의 시간을 가질 수 없게 했습니다. 그러나 좀 더 정상적인 속도로 살고 더 의미 있는 인생을 살고 싶은 갈망이 무척이나 컸기 때문에 나는 무엇이든 해볼 참이었습니다. 당신이 여러 번 말했듯, "내 크래커에 얹은 치즈가 흘러 떨어지고" 있었으니까요.

한편 당신은 그 '부랑아' 이야기를 시작하면서 인기가 빠르게 올라갔고, 비행기를 타고 여기저기를 다니면서 설교하고 책을 쓰고 리트릿을 인도했지요. '뜬금없이' 당신에게 전화를 해서 도와달라고 간청한 것은 내가 절망적으로 절박한 상태에 있다는 확실한 증거였습니다. 내 전화를 받고 나를 귀빈으로 맞이해 준 것은 당신이 그리스도를 닮은 사람임을 보여 주는 표시였습니다. 나를 환영함으로써 당신이 '부지중에 천사를 대접하는 것'일 수도 있다고 혹 생각했다면 당신은 이내 '앗, 이 사람은 아니구나'라고 깨달았을 것입니다.

겸손하게 당신은 무한한 친절과 돌봄으로 나를 받아 주었고, 나는 감추어져 있던 왜곡되고 뒤틀린 내 영혼의 진짜 상태를 드러낼 수 있었습니다. 당신은 지칠 줄 모르는 내 고백을 한결같이 들어 주었습니다. 그러는 사이 나도 모르게, 하나님에 대한 이미지가 치유되기 시작했습니다. 당신이 나를 조건 없이 받아 주었기 때문에, 나는 하나님도 나를 받아 주셨다고 생각할 수 있는 용기를 얻을 수 있었습니다. 서서히 나는 예수님의 가차 없는 온유하심과 돌보심을 경험하기 시작했습니다. 아바의 터무니없는 사랑에 대해서 당신이 끊임없이 강조했기 때문에 나는 절망으로부터 서서히 회복되기 시작할 수 있었습니다.

이제 나는 우리가 운이 좋다면, 자기 인생에 지울 수 없는 표시를 남기는 사람을 만나기도 한다는 사실을 깨닫습니다. 영적인 깊이가 성품으로 구현된 사람, 그리고 예수님과의 친밀함이 너무도 강하게 전달되어서 우리도 모방하기를 갈망하는 사람을 말입니다. 내게는 당신이 바로 그런 사람이었습니다.

당신의 우정은 정오의 열기 속에서 신선한 그늘을 드리우는 거대한 나무와도 같았습니다. 당신은 내 영혼에 안전한 항구를 마련해 주었고, 보호의 지성소를 마련해 주었습니다. 당신은 희망을 나누어 주었고 우울을 막아 주었으며, 수도 없이 껄껄 웃게 해주었습니다. 무엇보다도 당신은 내가 나 자신이 되는 것 외에는 내게서 아무것도 바라지 않았습니다.

나는 영원히 당신에게 감사하는 친구입니다.

필

브레넌에게,

우리의 우정이 없는 지난 40년은 상상할 수가 없습니다. 당신이 말로 전한 메시지와 당신의 글도 변화를 가져다주었지만, 정말로 큰 변화를 가져온 것은 개인적인 우정이었습니다. 진리와 사랑의 메시지를 행복, 유머, 그리고 좋은 시간이라는 생활양식과 동일시하는 것이 내게는 무척이나 중요했습니다. 우리는 둘 다 우리가 믿는 구속신학이 우리를 의무와 희생으로 부른다는 것을 알고 인정했습니다. 그러나 우리는 성격상 희생만으로는 안 되는 사람들이었습니다. 우리 둘 다―나의 경우는 확실히―기질상 기쁨과 축하가 필요한 사람들입니다!

돌이켜 보면, '하나님의 사람' 곧 신부에게서 그러한 자질을 발견하기를 내가 얼마나 원했는지를 알겠습니다. 당신을 만난 것은 내게 큰 횡재였습니다. 마침내 '말씀'과 대부분의 종교 진영에서는 '덜 떨어지는 것'으로 간주되는 생활양식을 결합시킬 수 있었으니까요. 나는 배울 게 많았습니다. 우리가 만날 때면, 나는 술이 없는 기쁨과 축하는 생각할 수가 없었습니다. 그러나 술을 놓고 그것 없이도 행복할 수 있다는 것을 믿는 것은 큰 모험이었습니다. 이제 술을 끊고 나니 우리의 우정이 어떻게 나를 강하게 해주었는지 보입니다. 이제는 우리가 '놓아줄 때' 기쁨이 일어난다는 것을 압니다. 기쁨은 참으로 우리의 진실하고 자연스러운 상태입니다. 그리고 다른 모든 것처럼 기쁨은 선물입니다.

    우리의 동료애가 가지는 의미는 말로 표현할 수 없는 것이기에, 그냥 고맙다고만 말하겠습니다!

당신의 친구,

폴

감사의 말

존 어빙(John Irving)의 탁월한 소설 「오웬 미니를 위한 기도」(*A Prayer for Owen Meany*)의 첫 페이지에는 다음과 같은 글이 있다. "나는 오웬 미니 덕분에 그리스도인이 되었다." 내가 쓴 이 책이 조금이라도 탁월하다면, 나도 비슷한 말을 해야겠다. 나는 다음의 사람들 덕분에 작가가 되었다.

얼라이브 커뮤니케이션스(Alive Communications)의 릭 크리스천은 '이야기를 끝내라'고 인내심 있게 나를 재촉했다. 댄 리치, 돈 패프, 그리고 데이비드 C 쿡(David C Cook)의 크리에이티브 팀 전원은 이 원고를 인수하고 또 계속 이 책에 대해서 믿음을 가지고 완성시킴으로써 나를 놀라게 했다. 켄 가이어(Ken Gire)와 했던 인터뷰가 이 회고록을 완성하는 데 큰 도움이 되었다.

폴 쉘던, 필 앤더슨, 에드와 힐러리 모이스, 그리고 로즐린은 자비롭게도 결함 가득한 좋은 시절에 대한 기억들을 떠올리게 해주었고, 내가 누릴 자격이 없는 사랑을 쏟아 주었다. 일일이 언급하지 않아도 자신들은 알 악명 높은 남자들은 나를 더 나은 죄인으로 만들어 주었다.

그리고 내 친구 존.

이제 더 이상 청중도 없고 불도 꺼졌지만,
여전히 모든 것이 은혜다.
이제 내 눈은 끝없는 밤에 감싸여 있지만,
여전히 모든 것이 은혜다.
이제 어두운 밤을 걷고 낮에는 자지만
여전히 지금도 내 아버지께서 하시는 말씀이 들린다.
"모든 것이 은혜다."

젊어서는 쉬웠다.
검정이 검정이듯, 죄가 죄인
머나먼 나라에서 허비하는 것이.
그러나 나이가 들어 보니 죄는 흰색이며,
한밤중에 슬며시 올라오는 이 회의—
"예수님은 여전히 나를 사랑하실까?"

이제 나는 약을 먹고 경기를 보기보다는 듣지만,
여전히 모든 것이 은혜다.
이제 옛 친구들이 찾아오고 내 이름을 축복하지만,
여전히 모든 것이 은혜다.
이제 나는 늘 탕자이겠지만
여전히 지금도 내 아버지는 나를 향해 달려오신다.
모든 것이 은혜다.

주

1. Frederick Buechner, *Telling Secrets: A Memoir*(San Francisco: HarperSanFrancisco, 1993), pp. 32-33.
2. E. B. White, *Essays of E. B. White*(New York: HarperCollins, 1977), p. 8.
3. Louise Glück, "Matins", *The Wild Iris*(New York: HarperCollins, 1992), p. 26.
4. Alice Miller, *Prisoners of Childhood*(New York: BasicBooks, 1981), vii.
5. Betty Smith, *A Tree Grows in Brooklyn*(New York: Harper Perennial, 2005), p. 421. (「나를 있게 한 모든 것들」 아름드리미디어)
6. 같은 책, p. 6.
7. Flannery O'Connor, "The Turkey", *Collected Works*(New York: Penguin, 1988), p. 752.
8. 'Finding Neverland', Marc Forster 감독, Miramax, 2004. (영화 '네버랜드를 찾아서')
9. Joseph Conrad, *Lord Jim*(New York: Oxford University Press, 2008), p. 130. (「로드 짐」 민음사)
10. Jean-Jacques Antier, *Charles de Foucauld*(San Francisco: Ignatius, 1999), p. 104.

11. Carlo Carretto, *Letters from the Desert*(New York: Orbis, 2002), xi.
12. Father James Kavanaugh, *A Modern Priest Looks at His Outdated Church*(Highland Park, IL: Stephen J. Nash, 1967), 에필로그.
13. 같은 책, p. 11.
14. Mary Oliver, "In Blackwater Woods", *New and Selected Poems* (Boston, Beacon, 1993), 1:177.
15. Paul Harding, *Tinkers*(New York: Bellevue Literary, 2009), p. 61. (「팅커스」 21세기북스)
16. Michael Yaconelli, *Messy Spirituality*(Grand Rapids, MI: Zondervan, 2002), p. 16. (「마이클 야코넬리의 영성」 아바서원)
17. Stephen King, "Frey's Lies", *Entertainment Weekly*, www.ew.com/ew/article/0,,1155752,00.html, par. 4(2011년 6월 3일에 접속함).
18. Robert A. Johnson and Jerry M. Ruhl, *Balancing Heaven and Earth*(New York: HarperCollins, 1998), pp. 173-174.
19. Brennan Manning, *The Ragamuffin Gospel*(Sisters, OR: Multnomah, 1990), pp. 31-32. (「한없이 부어 주시고 끝없이 품어 주시는 하나님의 은혜」 규장)
20. Fil Anderson, *Breaking the Rules*(Downers Grove, IL: InterVarsity, 2010), pp. 80-81.
21. Robert Farrar Capon, *The Romance of the Word*(Grand Rapids, MI: Eerdmans, 1995), p. 20.
22. Kent Meyers, *Twisted Tree*(New York: Houghton Mifflin Harcourt, 2009), pp. 234, 237-239.